JN056005

新規事業創出
SDGs達成のための

**ウィズ
コロナ
時代の**

オープン
プロセス
リレーション

掛川浩一 著 ......

セルバ出版

まえがき

アイデア発想法があまり注目されないのはなぜ？

コロナウイルスの感染拡大で、時代の変化が加速した。

今までの常識が通用しない時代となった。そんな中、新しい常識、あるべき常識とは何かを考えていた。これだけ、時代が変化しているのに、「新しいものを生み出そうとする、アイデア発想法に注目があまり集まっていないのはなぜだろうか？」そんな疑問を常にもっていた。

今、話題のDXにしても、正解があってそれを探す風潮がある気がするが、もっと自分達でアイデアを出してもよいのではないか。

共感が重要な今のご時世では、自分達がわくわくするアイデアを追求することの重要性はどんどん高まるだろう。新しいテクノロジーの活用にしても、「こんなことできたらわくわくする。そのために、テクノロジーをどう活用できるだろうか？」。そういった、プロセスのほうが、価値あるものが生まれやすい。

では「こんなことできたら」の「こんなこと」はどうやったら生まれるのであろうか？　ロジック思考で出てくるだろうか？　かなり難しい。なぜなら、ロジック思考では、従来から飛躍した答えを導くのは難しいからである。面倒でも、アイデアを沢山出す中で、よいアイデアを見つけるという発散と収束がどうしても必要になってくる。

魔法のように素晴らしいプロセスがあって、そのプロセスを行えば素晴らしいアイデアが自動で出てくる。今のところ、そんな魔法のようなプロセスは存在しない。結局のところ、泥臭くアイデアを出すしかないのである。

日本人は一般的に権威に弱いので、凄そうな人の話をきいてそれ

を実践すればうまくいく気がしてしまう。

「アイデア？　そんなものだしたって無駄でしょ、うまくいっている人、権威のある人の言っていることを聞いていればいいんだよ」みたいな風潮は根強い気がする。確かに、自分で、自分達でアイデアから出すのは大変だが、権威のある人の言うことに従おうとしてみても、その人が結局、自分達でアイデアを出しましょう、と言っているという場合も多いし、増えてくるだろう。

アイデア発想法が敬遠されるのは、時間的な制約とは別に、メンタルモデル的な制約が大きいという点については、前著『U理論とアイデア発想法』で詳しく解説した。

事業内容から社会のあり方へ

そんなことを考えている中、今回の出版の話をいただき、新規事業について考えるようになり、自分が以前に事業のアイデアとして考えたものを思い返して、考えるにつれ、これは、事業のアイデアというより、今後の社会のあるべき姿ではないかという思いに至った。

今まで、私が社会に対して感じていたモヤモヤがやっと言語化できた感じだ。色々な人とそのことについて話し合ったことを思い返しても、結局、障壁はメンタルモデルにしかなさそうなこと、そして、新しいテクノロジー、主にブロックチェーンのNFT技術とAIが、それをスマートに実現可能にしてくれる予感がしている。

また、時代の要請、SDGsをミンナで協力して達成するには、この方法しかなさそうだと思っている。そのあり方に名前を付けたのが、"オープンプロセスリレーション"という名前だ。この考え方を聞いて、「そんな馬鹿な」と思われる人が多いと思うが、聞いて欲しい。社会の当たり前がエキサイティングに変化していく入り口

に私達はいるのである。

資本主義の矛盾の克服とアイデア発想法

　先日、書籍『人新世の「資本論」』を読んだ。資本主義の矛盾を乗り越えるために、参加型社会主義が必要だという主張があった。著者の主張の全部に全面的に賛成ではないが、より参加型の社会になっていくべきだという主張には全面的に賛成である。そのためにも、アイデア発想法のチームでの実践の普及が必要だと強く感じた。

　「アイデア発想法のチームでの実践の連なりが資本主義の矛盾を克服するのにどのように役立つか？」そんな視点で本書を読むのもよいだろう。

　2021 年 10 月

掛川　浩一

ウィズコロナ時代の新規事業創出
—SDGs達成のためのオープンプロセスリレーション　目次

まえがき

第1章

ウィズコロナ時代の
新規事業のあり方と
オープンプロセスリレーション
とは

1 オープンプロセスリレーションとは?

基本的な考え方

　オープンプロセスリレーションとは、考えるプロセスを公開して社会全体で、積み重ねて考えていくあり方だ。一番のポイントは"プロセス"を公開するという点である。ここが今までの常識にかなり反する。これによって、競争から共創へという流れが社会全体に定着していく。技術的には、あまり難しいことではないが、メンタルモデルを変えないと成立しないので、その点はかなり難しい。

　メンタルモデルとは、その人その人の行動の前提となる物事の捉え方のことだ。"オープンプロセスリレーション"の考え方は男女でも反応が別れる考え方であろうが、恐らく、女性のほうが、最初に賛同する割合は多いだろう。

　前置きが長くなったが、もう少し詳しく説明する。「何かの企画、実現したいことなどを考えたけれど、もう一歩で実現できなかった」多くの人がそのような体験をしている。

　でも、その企画って、もしかしたら、もうちょっと別の人が考えたら実現して、ミンナがハッピーになる可能性がおおいにあったはずだ。

　このように、実現しそうでしなかったことを途中のプロセスを含めて公開する。または、実現に向かっている途中で公開する。公開するのは、アイデアやアイデアをまとめて企画にした形のもの。こうすることで、社会全体の生産性を爆発的に高めるのが、オープンプロセスリレーションの目的だ。アイデアや企画もシェアする時代に、という流れ、競争から共創へという流れを実現するものだ。「ちょっと待てよ、そんなことしたら、ライバルに企画を横取りさ

れる危険があるのではないか？」と反射的に反応した方が多いと思う。

そう、メンタルモデル的に、そう反応される方が多いだろう。

勿論、私もすべてのアイデア・企画を途中で公開するのがよいとは思っていない。競争と共創、両方必要だと思う。

競争と共創のバランスを取る

ただ、よくよく考えてみると、競争モデルが無意識にこびりついていて、競争する意味がない、むしろ逆効果な場面でも競争していることが多くないだろうか？

冷静に考えてみれば、メリットばかりのことなんてものは基本ない。

ごくごく当たり前だが、競争にはメリットがある一方、デメリットもある。

自分が、自分達が考えたことを、自分達では実現できずに、他の個人や組織が実現する状況、こちらも、勿論、メリットがあり、デメリットがある。

双方をバランスよく取り入れた社会を構築するべきだ、というのが主張だ。

例えば、SDGs は、全地球的な課題だが、SDGs を達成するために、協力しあうべきところを、競争してしまっているせいでミンナが損をしていることが沢山あるはずだ。

宇宙船地球号の乗り組み員として

これは、もしかしたら、例えるならば、こういうことかもしれない。

同じ船に乗った 2 つのグループがある。あと数日で、この船は沈む。

助かる方法をそれぞれのグループが検討している。

でも、お互いにどちらが手柄を立てるか競いあっていて、協力していなかった。その結果、結局、船は沈んでしまった。もし、お互いグループが知恵を出し合って協力していたら、助かっていたのに。

こんな状況があったら、「馬鹿な話だな」と思われる方が多いと思うが、もしかしたら、今の地球も似たような状況になりかねない。

地球温暖化がこれ以上進むと温度が元に戻らないという話もある。手柄を横取りされたくないというのは万人に共通の心情だが、SDGsを達成するに多くの人が知恵を出し合って協力していく必要がある。

そのためには、アイデア・企画をオープンにして、自分、もしくは自分達が実現できなくても、誰かが実現できるように後押しをする仕組みを適切に構築する必要がある。

このような、オープンプロセスリレーションを適切に取り入れた社会の構築の流れを競争から共創へ、という言葉で表現している。

2　日本の可能性

利他の精神を発揮してオープンプロセスリレーション環境構築

このオープンプロセスリレーションの考え方が広まって成果を出す流れを日本からひろめていくことを考えている。それには、日本人の和の精神が非常に役立つだろう。

オープンプロセスリレーションが確立されると、情報はある意味で、いくらでも抜き取ることができるが、その発散と収束のスピードは今までの常識を超えた凄まじいものになる。

新規事業が生まれるスピードは今までの100倍〜1000倍程度

にスピードアップして、圧倒的な量の新規事業がどんどん生まれる環境になる。情報を抜き取っているのでは圧倒的に間に合わない。そのプロセスの中で生まれる、"思い"や"志"まではコピーができない。

　また、このプロセスで重要になるのは、思いやり・利他の精神だ。日本がその思いやりの精神、利他の精神を存分に発揮してオープンプロセスリレーションな環境を構築して、成功を収めれば、世界も追随しないといけなくなる。

　世界各国も、オープンプロセスリレーションの輪に入って共に繁栄していく。その中で、輪に入らないと損をするので、輪に入る国が増える。それが、間違いなく、世界が平和になって繁栄していく道、そして SDGs が達成される道である。

3　鍵を握るアイデア発想法

企画を考えるときに必要なアイデア発想法

　オープンプロセスリレーションを実現するために鍵となるのが、アイデア発想法だ。

　これから、AI・ブロックチェーン・AR などを筆頭にテクノロジーが進化していくにあたって、今までの常識から外れたかつ、実現してミンナが嬉しい企画を考える力がより必要になる。

　その際に必要なのが、アイデア発想法だ。

　アイデア発想法を使うことで、その人の知識・経験・技術などが、創発的に活用されていく。あらゆる職種・業界・特性の人がチームに入ってアイデア発想法を実践する世の中になる。アイデア発想法は、Excel などと同じくらい、身近で必須なものになっていくことは間違いない。

また、アイデア発想法の実践はチームで行うのと、個人で行うのでは、全然成果が変わる。

　個人で行うには、時間を掛ける分独特なものが生まれやすい。チームで行うと、アイデアも沢山生まれるし、共感度合いが高いのがどのアイデアかがすぐに理解しやすい。

　それぞれ、どちらも大切なので、両方を活用していくことが重要である。

4　オープンプロセスリレーションが成立する条件

ノウハウを確立する

　ここまで、聞いても、半信半疑のあなた。

　そう、その気持ちはわかる。ただ、こういったことは仕組みができて、ノウハウが確立されてしまえば、当たり前になるのはすぐだ。

　ノウハウとは、次の２つである。

①続きから考えやすいように配慮するノウハウ

②誰かが考えたことを引き継いで考えて成果を出すためのノウハウ

　この２つが確立されれば、もう、この流れに乗らないのは逆に難しくなるだろう。

　つまり、考えたものを公開する側も公開されたものから考える側も、それぞれにノウハウが生まれるということだ。

　そして、この２つのノウハウが確立されない可能性はないので、そのような流れが遅かれ早かれ実現するのは間違いないわけである。

　まず、私から実践するということで、今までに執筆した事業アイデア系の２冊の Kindle 出版もそのような考えで、執筆している。

5 オープンプロセスリレーションの起点としての SDGsを考えるアイデア発想法 「ZOOMワークショップ」

アイデア発想法 ZOOM ワークショップとは

ZOOM などのオンラインコミュニケーションツールでの画面共有を使うと様々なことができる。画面共有に加えて、例えば、Google スプレッドシートのようなクラウドサービスを使えば、チームみんなが同時に入力することもできる。私も執筆時点で開催し始めた、"SDGs を考えるアイデア発想法 ZOOM ワークショップ" は、WEB 上のアイデア発想アプリに参加者ミンナでアイデアを入力していく取り組みだ。これは、まさにオープンプロセスリレーションのスタートである。この取り組みの特徴は中心のなさだ。私が今のところ主催をしているが、誰が主催してもらっても構わないし、ノウハウも公開している。その中で、自由にアイデアを蓄積している。蓄積したアイデアは誰でも全部見ることができる。

今は、最初に SDGs 関連の動画を一緒に視聴して、テーマを話し合って決めてから、アイデア入力してから話し合うという流れで行っている。

2 層目以降のアイデアの可能性

ワークショップの中では、最初のテーマから出したアイデアの中から更に深堀りしたいアイデアを選び、更に、そのアイデアをテーマにして、アイデアを出すということも行っている。これを私は 2 層目のアイデアと呼んでいる。

例えば、まず、"会社の売上を上げるには？" というテーマでア

15

イデアを出して、"会社のマスコットをつくる"というアイデアが出たとする。

　その次に、"会社のマスコットをつくるには"や"会社のマスコットをつくって売上増加に結びつけるには？"というテーマでアイデアを出すとする。この2回目で出てくるアイデアが2層目のアイデアというわけだ。

　2層目のアイデアから、また1つを選んでそれをテーマにしてアイデアを出す、というように繰り返せば、3層目、4層目のアイデアも出てくる。

　2層目以降のアイデアは価値が高いというのは、誰もが割と納得しやすいことだが、1人でこれを行うのは相当の気力がいる。だが、チームで話し合いながら行えば、このようなことは割と気軽にできる。

1人でアイデアを出すのはなぜ難しいか？

　例えば、"気候変動のために何ができるか？"というテーマでアイデアを出したとしよう。出てきたのは、どれも一見実現不可能そうなものか、ありきたりなものばかりだろう。

　そのようなテーマで1人でアイデアを出していても、「何で私、こんなことやっているんだろう？　意味ないんじゃないかな？」という結論がほとんどだ。というか、そんな結果になりそうなのが見えてしまうので、1人でそのようなテーマでアイデアを出そうとする人は、とてもとても限られる。

　しかし、チームで行えば、自分が出したアイデアを興味深いと言ってくれたり、そのアイデアはこう使えるかもと言ってくれたりするかもしれない。

　話し合うことで、自分だけじゃなくて、他の人から認められても

らえたりすることは、次の考えを生むエネルギーを非常に生み出す。この点がチームで行う、とてつもない利点である。

アイデアが実現することでの前向きな循環の連鎖が起こる

今、社会は、どちらかといえば、「アイデアなんて出しても無駄じゃん」という空気感のほうが強いと思う。しかし、このようなワークショップでのアイデアの蓄積から、具体的な取り組みが実現することが多数起これば、どんどん空気感は変わる。

「SDGs の各目標の達成のために、アイデアを出すなんて無駄でしょう？」という無気力の連鎖から、「SDGs の各目標の達成のために、どんどん前向きにアイデアを出して、ミンナで協力して、それぞれを実現していこうよ！」という希望の連鎖へ方向転換していく必要がある。

6　オープンプロセスリレーションが 社会に定着する根拠

オープンプロセスリレーションが社会に定着する根拠を 4 つあげよう。

①社会は基本的に分業に向かう

1 人でやっていたことを分割し協力して、行うことで、そのプロセスを実践する効率が高まり、全体としての成果が高まる、ということは歴史上の様々な局面であらわれている。

今までは、起業家がアイデア→企画→事業という流れを全部行っていたが、この 3 段階を 1 人がやらなければいけないという理由はない。自分で考えたアイデアでないと思いが乗らないから起業家

17

が自分で考えたアイデアでないと無理なんだという意見の方も多いかもしれないが、それも必ずそうかというと場合によるだろう。

　世間の通例がそうだから、という理由だけなので、いずれ、例外が出てくれば、そちらが一般的になることは歴史上よくある話だ。そして、これから複数の仕事をする人が増える時代にあっては、専業でなくても、分業で一部のプロセスを請け負うということが増えるだろう。

② SDGsを達成するには新規事業が爆発的に増える必要がある

　SDGsには17の大目標と169のターゲットがある。ターゲットとは、17の大目標を達成するための具体的な小目標のことだ。仮に、このターゲットを達成するために、それぞれ10個の新しい事業を行う必要があると仮定する。

　そうすると、新規事業が1690個必要になる。それぞれの新規事業を起こすのに、発散したアイデアがそれぞれ100個ずつ必要だとしたら、169000個のアイデアが必要だ。16万9千個のアイデアを個人で出すのは不可能だ。

　では1000人が協力したらどうだろうか？　1000人いれば、1人169個のアイデアで済む。

　このように、アイデアを互いにシェアしながら、組み合わせて使う。そのようにしないと、1690個の新規事業を生み出すのが難しい。

　何事も目標からの逆算が必要だ。儲かりそうな事業は何か？　ということに思考のエネルギーを使う時代から、SDGsを達成するために必要な事業は何か？　それをアイデア段階から生み出して実現させていくにはどうすればよいか？　というように思考のエネルギーを移動していく必要がある。

③多様性の強みが最大限に活かされる

　社会全体に開かれているということは、うまく行えば多様性を最大に活かせるということだ。ある人がみて実現不可能と思われるアイデアも、別の分野の人が見れば実現可能だとわかる、といったことはよく起こることだ。

　また、別の分野の人によって加えられたアイデアで、そのプロジェクトの価値が飛躍的に高まるといったことも多く起こる。

　このような効果をアイデア発想法の世界ではメディチ効果と呼ぶが、その効果があらゆるところで常態化するのがオープンプロセスリレーションが実現した社会である。

④シンプルに"楽しいから"

　自分の専門分野が意外なところで役に立つ。自分が意外な形で人の役に立てる。

　そのような経験を今までより圧倒的に多くの人が経験できるようになるのが、オープンプロセスリレーションだ。

　アイデア発想法を色々な人と話しながら実践する楽しさは、未来に希望が少しずつ見えてくるとても楽しい時間である。アイデア発想法を色々な人と話しながら実践するのが"楽しい"というのは、まだ、全然一般的ではないと思うし、"楽しそう"と予感する人も凄く少ないかもしれない。

　1人で、その楽しさを感じられる人は、かなりまれかもしれないが、チームで行えば、楽しいと感じられる人がほとんどだと思う。

　このような4つの理由によって、オープンプロセスリレーションの方向に社会が向かう必然性がある。取り入れた組織が成果に繋げる例が増えていくことで、加速度的に社会に根づいていくのは間違いない。

7 オープンプロセスリレーションが変える 様々なこと

　ここでは、政治・社会・経済・教育などに、オープンプロセスリレーションがどのような影響を与えるか考察する。

・オープンプロセスリレーションと政治
オープンプロセスリレーションが政治に与える影響

　政治家にとって、地道に要望を聞くということが大事なことは間違いない。ただ、これから少子高齢化で日本の国家財政が厳しくなっていくだろうことが予想される中で、従来型の取り組みだけでは間に合わないだろう。より、市民参加型、多くの人の英知を結集する必要が出てくることは間違いない。

　そのために、どうすればよいか？　始まりとしては、国・地方自治体、市民も参加して困っていることを見える化する。それに対して、柔軟な発想で様々なアイデアを広く様々な人が出して、より低予算で、高価値な施策を生み出していく。そのような、市民参加型の施策運営が定着すれば、より活気も出てくるようになる。

高価値、低コストの施策を沢山のアイデアで実現するために

　まず、行政・政治の分野の人がアイデア発想法を学ぶ必要がある。今まで、そういった学びに、恐らくもっとも縁遠い人達がアイデア発想法を学ぶことは、今後の未来に向けて非常に価値が高い。当たり前だが、行政は、民間とは桁違いに予算がある。その予算をどう使うか、アイデア次第で様々な工夫が可能である。行政が行うことは制約も多いがアイデア次第では、いくらでも可能性はあるのであ

る。

　こう言われてもピンとこない人も多いかもしれない。だからこそ、アイデア発想法を実践して、「よく考えたら、こんなアイデアが出てくるんだ、わくわくする。もっと考えれば、実現できるかもしれない」という体験を多くの人が積むことが重要である。

アイデア次第で困ったことと困ったことを
WIN-WIN に解決できる例

　アイデア次第ということを、例を出して考えてみる。例えば、今、日本を含む先進国では、孤立の問題が深刻である。そして、一方では、人が減っていることで過疎の問題も深刻である。

　あくまで一般例だが、人が多い場所では、孤立する人が増え、人が少ない場所では人と人の繋がりが強くなることが多い。ということは、孤立で困っている人が、過疎地域に移住して温かく迎えてもらうことができれば、いっきに２つの問題が解決する可能性がある。

　「いやそんなうまくいかないでしょ」「そんなことしようとしたって、こんな色んな問題が出てくる」と反射的に考えた人が多いと思うが、そのような障壁があるからこそ、更にアイデアを出す余地があるのである。

　このように、空間的に一般的に離れた、全く別の問題を WIN-WIN に繋ぐという構想は、この先、更に大事になってくるだろう。「そんなことしたら○○だから無理だろう」ということを反射的に思いつく人も実はアイデア発想法の実践では非常に重要である。そのような否定的な思考傾向の人がリストアップした「無理な理由、うまくいかない理由」に対して、解決するアイデアを更に出していくことで実現に近づくからである。

　そのように、その人その人、チームのメンバーの傾向にあわせた

アイデア発想法の実践というのも、間違いなくこれから普及するので、色々な人が参加して、成果に繋げていくことが容易になっていく。

・オープンプロセスリレーションと社会
困ったことを解決するためのアイデアを出す人が増える

　困っている人が声をあげやすい仕組みが大切である。その困り事を元に、どうやってそれを解決すればよいかを協力して考えることができる仕組み。考えた結果を、実行に移しやすくする仕組み。この３つが揃うことで、「誰かの役に立ちたい」という思いを行動に移しやすい社会になっていく。

　共有された困り事を解決するのに善意で考えるとき、その考えたことをオープンにしない理由はあまりない。その意味で、オープンプロセスリレーションは自然な社会のあり方だ。

　また、オープンプロセスリレーションが実現すれば、誰かが生み出した企画を"編集して"、"創発的に活用して"新しい企画を生み出せるようになるので、生産性は飛躍的に高まる。

NGOとオープンプロセスリレーション的な取り組み

　NGOを応援する発想法ZOOMワークショップが考えられる。

　次のような流れが考えられる。

① NGOの人から、その取り組みを始めた経緯・どんな取り組みをしているか・困っていること、の３点を話してもらう。

②ファシリテーターの人が、アイデア出しのテーマを決めて、アイデア出しを参加者ミンナで行う。

　その際に、ブレスト（ブレインストーミング）の心構えを確認する。

　①質より量、②批判厳禁、③相乗り歓迎、④突拍子もないアイデ

ア歓迎の4点を、そして、アイデアを出して、出てきたアイデアについて話しあって、その中からテーマを決めて、更にアイデアを出すということを何回か繰り返す。

　この流れを行って、NGO の人の取り組みに役立つアイデアが出てくることを目指す。

　これを、計1時間〜2時間程度行う。

　そして、その後で、その NGO の人に共感した人は、Trello などを使った、継続した取り組みに参加していくことにする。

ボランティア活動に多様な形で参加する人が飛躍的に増える

　このような形で、色々な形でボランティア活動に参加する、応援する人が増えたらとても素敵である。

　もしくは、大きくテーマを決めて、そのテーマに興味のある人が集まって、それについて話し合う場を設ける。そこを起点にして、Trello などを使って、継続して理想の状況を目指して取り組みを続けるというプロセスでもよい。私も友人とこのような Trello を使った緩い取り組みを始めるところだ。

　そのような取り組みを、各地で行いやすいような地元密着型のマッチングサイトがあるとよいのかもしれない。または、このような取り組みを、法人と個人、両方が参加できるようにすると、より可能性が拡がる。アイデアを出すことで、人は前向きになり、行動したくなる、これは、ワークショップを開催した経験から間違いなくいえることである。

・オープンプロセスリレーションと経済
サービスを提供する側と提供される側の境界が曖昧になる

　オープンプロセスリレーションによって、サービスを提供する側

とされる側の境界が曖昧になっていく。なぜなら、サービスを提供される側、いわゆるお客さんも、サービスの開発に貢献する側にどんどんなっていくからだ。

　新規事業が爆発的に増えることで、経済はより発展していくだろう。経済が発展すれば、通常、環境に悪影響がでたり、モラルが低下するが、オープンプロセスリレーションが定着すれば、そういった問題を主体的に解決しようとする人も並行して増えるので、環境悪化、モラル低下も同時に対応ができるだろう。

　社会問題の解決を仕事にする、株式会社ボーダレス・ジャパンのような会社がどんどん増えてくるだろう。

１人の人が参加するチームが増える

　アイデア段階でチームを組みやすくなる仕組みが整備されることで、様々繋がりでのチームが増えて、そのチームの繋がりで、仕事をする人が増えるだろう。

　アプリ開発の現場などでよく使われている、プロジェクト管理ツールが、様々な業種、プロジェクトで活用され、それぞれの得意なことを活かして活躍しやすい社会になっていく。

・オープンプロセスリレーションと経営
経営の 12 の要素のバランスを取る

　SDGs を達成するために、経営の 12 の要素を社会全体でバランスよく担っていこうとする動きも出てくると思っている。

　現在の社会は、インターネットの影響で、"マーケティング"に偏った社会になっているというのが個人的な意見で、偏り過ぎは価値的でない。

　ちなみに、経営の 12 要素というのは、研究開発・財務・会計・戦略・

マーケティング・コミュニケーション・変化・リーダーシップ・知識・品質・製造・人事になる。

　SDGs を達成するために、12 の要素とオープンプロセスリレーションがどのように関連するか考察する。

①研究開発

　技術開発という意味での研究開発だけでなく、アイデアから始まる、実験的な取り組みを飛躍的に増やす必要があるだろう。アイデアは、実際に試してみないとそのよさがわからない場合が多い。

　起業家が行うような、リーンスタートアップの取り組みが、変形的に、様々な形態で実施されたり、研究開発により多くの人が関わるようになったりすることで、難しい課題をミンナで解決していくきっかけとしていけるだろう。

②財務と会計

　SDGs を達成するために必要な " よい " アイデアにお金が回るように、意識する必要があるだろう。

　クラウドファンディングのような仕組みがより多様な進化を遂げて、SDGs の達成のために、挑戦しやすい社会になっていく必要がある。

③戦略

　SDGs を達成するための戦略。集合知を活用して、そのような戦略を生み出していく必要がある。そのために、キーワードとなる取り組み、未来からの逆算、フォーキャストをチームで行うことになるだろう。未来から逆算する思考をチームの力を使って増幅していくことで、行き当たりばったりではなく、未来への希望のある、仮説を元に多くの人の力を計画的に結集していくことができるようになる。

④コミュニケーション

　世界中のコミュニケーションが更に活発化することは間違いな

い。その中で、オープンプロセスリレーションによって、アイデアベースで、互いの困ったことをWIN-WINに解決しようとする取り組みが飛躍的に増えるだろう。課題は沢山あるが、国を越えた、市民同士の課題解決の取り組みが加速する必要がある。

　また、そのような、より多様な組織が、国を越えた、様々な差異を越えて、協力できるようになることを促すコミュニケーションを活発化する必要がある。一般論だが、国を越えてのアイデア発想法の実践には国内だけの取り組みよりも考え方の多様性が増す分、課題もあるが、可能性も高まるだろう。

⑤変化

　緩やかな形で、多くの人がわくわくする形で、変化を提示してSDGsの達成を目指す取り組みを、より多くの人が発信するようになる。変化の発信をより多くの人がより自信をもって行えるようになり、変化を促す人はサポートを受けやすい社会になっていく。アイデア発想法の実践をする人が増える中で、より前向きで、より建設的な変化の提案をする人が飛躍的に増える結果となる。

⑥リーダーシップ

　多くの人がわくわくする取り組みを先導する、緩やかなリーダーシップをより多くの人が取りやすくなることで、プロジェクトの多くが実現するサイクルに入っていく。人それぞれの特性を活かすノウハウ、また、リーダーシップを培うノウハウが公開され、共有され、多くの人の協力で随時ブラッシュアップすることが、オープンプロセスリレーションによって可能になる。

⑦知識

　アイデアや企画の露出が飛躍的に増えることで、アドバイスという形での知識提供が飛躍的に増える。従来の暗記に掛け算して、アイデア発想法を実践する人が飛躍的に増える中で、様々な新しいア

イデアが生まれる。従来、圧倒的に足りていない、困っている人の状況に対する知識が飛躍的に増える。

⑧品質

品質の追求は領域によっては減るだろう。便利さばかりを追い求めて環境にダメージを加えてきた反省が今は、多くなってきている。また、そのような品質を落とすということはサービス提供側が主導では行いにくいが、サービスを受ける側が、様々な問題の解決を考える中で、品質を下げることも自発的に出てくるケースも多発するだろう。

⑨製造

環境負荷の低い製造がより求められる中で、従来の「消費者の欲求をいかに高く満たすか？」という方向性は減少していくのではないか。オープンプロセスリレーションによって、SDGs の達成のために何が必要かを考える人が増える中で、より環境負荷の低い、それでいて満足度の高い、プロダクトやサービスを求める傾向がより強まる。

⑩人事

SDGs の達成への貢献度を高めるために、持っている能力を活用する、また、能力を開発する、多様な連携を促進する。従来の会社内での人事という考えは時代遅れとなり、組織をまたいだ、緩い連合体の中での、多様な意味での人事という考え方が根づいていくだろう。

・オープンプロセスリレーションと教育
義務教育へのアイデア発想法、問題解決法の導入

中学、高校の教育に限っていうと、この年代から、アイデア発想法、問題解決法を学ぶべきだ。既存の教科も大事だが、そういった

ものを義務教育のときから学ぶことで、将来に大きな可能性が開かれる。そして、この年代が自由な発想で、公共益の課題に関してアイデア発想法で行ったアイデアをどんどん蓄積していくことで、次の社会を生み出すタネのアイデアが生まれ、それを社会全体で活用することができる。

　また、SDGsを達成するために、どうすればよいか、というのを義務教育段階から考える教育を行うことで、将来的に、169のターゲットを達成するために私は人生をかけていきます、という人がどんどん増えていくだろう。

・オープンプロセスリレーションと VUCA の時代

　改めて、VUCAとは、各頭文字をとって、変動性、不確実性、複雑性、曖昧性の高い時代のことを言う。

　今までのように、これをやっておけば、長期的にビジネスが成立するというのがなくなった時代だ。

　オープンプロセスリレーションが必要になる理由をそれぞれで見ていこう。

○変動性が高い

　次々にどんどん新しい変化を生み出す必要がある。その際に、閉じた個人、閉じた組織の中では、考えが固定化しやすい。それを打ち破るために、様々な人や組織と共創することがより求められる。

○不確実性が高い

　社会の不確実性が高まっているということは、ビジネスをする側も、それに合わせて、行動の不確実さを高めるべきだ。それには、オープンプロセスリレーションによる、自由なブレストが最適だ。沢山のアイデアの中から、最適なものをトライ＆エラーで選んでいく必要がある。チームでブレストすれば、共感度が高いものがわかりや

すい。

○複雑性が高い

　複雑性が高いということは、必然、考える量が増える。また、より多くの人と組織と力をあわせられる組織・個人が圧倒的に有利だ。そう考えたときに、オープンプロセスリレーションが創造的な協力の入り口として機能していくのも、また必然といえる。

○曖昧性が高い

　ビジネスする側とビジネスされる側の境界がより曖昧になってくる。そんな中で、ビジネスする側だけで考えるのはリスクでしかない。予め、ビジネスされる側の意見・考え・感覚を取り入れる必要がある。より見える化が進む社会では、共感が大事な資源である。

　ボランティアとビジネスの境界もより曖昧になってくる中で、この動きはますます加速するだろう。

・オープンプロセスリレーションと SDGs

　SDGs の精神は、1 人も置き去りにしない、つまり、地球すべての人が幸福になる未来を目指すということだ。

　これからは、儲かるけど、人の幸福への寄与が少ない事業はどんどん淘汰されていくだろう。逆に、儲からないけど、人の幸福への寄与が高いもの、また、必要性の高いものにお金が集まる状況になる。様々なことが見える化される中で、そのお金がどうやって稼いだものかも見える化されるだろうし、○○にしか使えないお金というのも、増えるだろう。

　そういった時代背景では、「誰かへの思いやり、志」自体が、公共インフラのような働きをしていくのは間違いない。そういったときに、閉じた個人や組織の中では、限界があるので、より多くの人と交流しながら、知恵・感覚・志・思いやり、などを共有して新し

いものを生み出していく場が、整備される必要がある。

その場として、オープンプロセスリレーションは、従来とは違う、莫大な可能性を秘めている。また、個人個人の力がより発揮される方向に社会が動くという意味でも、この流れを止めることはできないだろう。

8　オープンプロセスリレーションと　事業創出の10ステップ

新規事業が爆発的に増加する背景として、事業創出の 10 ステップが、分業化される現象を起こることが予測される。その 1 ステップ 1 ステップにオープンプロセスリレーションが活用されるだろう。分業化されるというのは具体的に言うと、そのステップに特化した企業群が生まれるということだ。

・事業創出の 10 ステップとは

事業創出の 10 ステップとは、新しいビジネスケースが創出されるまでの 10 のステップだ。

大まかにいうとリーンスタートアップという考えは、この 10 を高速で回転させることで、新規事業の成功率を大幅に高めるという考えだ。似たフレームワークは沢山があるが、今回は、『イノベーションの迷路』での 10 のステップを元に考えよう。

10 のステップとは、次のとおり。
①アイデア創出
②フォーカス
③チェック・フィット
④条件設定

⑤ディスカバー

⑥ビジネスモデル構築

⑦テクノロジー採用

⑧自由度チェック

⑨実験

⑩新ビジネスケース作成

　イノベーションの迷路では、この新ビジネスケースまでの一連の流れを4パターン想定している。

　上記の並びは、アイデアルートである。他に、テクノロジールート、カスタマーイシュールート、ビジネスチャレンジルートがある。詳細は、本を読んでいただきたいが、新しいビジネスケース（新規事業）を考えるのに4つの大まかな方向性があるということだ。

　簡単に解説すると、アイデアルートはまさに1つのアイデアをスタートにして考えること。テクノロジールートは、新しく生まれたテクノロジーをスタートにして考えること。AI、VR、ブロックチェーンなど。これは、目新しいものができやすいが、誰が使うのか、誰が喜ぶのか、よくわからないものになりやすい。カスタマーイシュールートは、顧客の困り事からスタートして考えること。ジョブ理論の片づけるべき仕事がこれにあたると考えられる。

　ビジネスチャレンジルートは、それまでの事業がうまくいかなくなった場合に、それまで築き上げてきた能力などを活用して、別の事業を生み出そうという試みだ。

"オープンプロセスリレーション"と"事業創出の10のステップ"の関係

　それでは、10のステップについて、簡単な説明とオープンプロセスリレーションについての関係を考察する。

①アイデア創出

　ここは、言うまでもなくアイデアを考えることだ。ただ、アイデア発想法の観点から言うと「目的があってアイデアが生まれる」だけでなく、「アイデアから目的が新しく生まれる」ということも考えなくてはいけない。これは、当たり前過ぎて、誰も書かないのかもしれないが非常に重要である。

　どういうことかというと、何かテーマを決めてアイデアを出していく中で、当初の目的は外れるが、有望なアイデアが生まれることがよくあるということである。

　通常、今までの組織内のみでのブレストは、通常こういったアイデアは見向きもされないし、ゴミ箱行きであった。そんなに幅広く、可能性を追求していける組織はそうそうないからである。

　しかし、オープンプロセスリレーションが実現すれば大きく事情が変わってくる。

　自組織内では採用可能性はないアイデアだけれども、組織外に出れば、非常に有効なアイデアになるとなれば、それを強調して共有すれば、それを引き継いで、発展させて、社会に有意な変化をもたらすものになる可能性が高いのだ。

　その意味で、オープンプロセスリレーションは、今までゴミ箱行きだったアイデアを活用する取り組みということが言えるだろう。
②フォーカス

　ここでは「その新規事業を何のために行うのか？」「誰のためなのか？」「どこで行うのか？」など、その新規事業が集中することを決める。ビジネスモデル以前の段階のもっと解像度の高い、大まかなものだ。

　アイデア発想法の観点から言うと、ここも固定的なものでなく、ブレスト的に発散することでその組織のよい選択に辿り着ける可能

性が高まる。オープンプロセスリレーションの観点で言うと、①で色々な人・組織が蓄積したアイデアを見回りながら、よいものを選ぶという選択肢も出てくる。

③チェック・フィット

　①②で決めたことが、自組織にフィットするのか、をチェックするステップだ。「自分の組織でできるのか？　やるべきなのか？　やりたいのか？」を検証する。

　オープンプロセスリレーションの観点で言うと、このステップから出発して、自組織にあうアイデアを探すという選択肢も出てくる。

④条件設定

　事業を実際に行う際の成功の条件を定めることだ。今までは、事業の収益が重視されているが、より社会貢献度の高さといった項目が重要になってくるだろう。

　オープンプロセスリレーションの観点でいうと、他の組織では、この部分で自組織にはあわなかったものを引き取って行うということが頻出するようになるだろう。

⑤ディスカバー

　顧客の要求について、新たな発見をするステップだ。よいと思って開発した商品が売れない場合は、このステップが抜けていて、実際の顧客の要望がよくわかっていなかった場合が多い。

　この部分は、クリステンセンが『ジョブ理論』で詳しく解説している。この部分は、オープンプロセスリレーションが定着すると劇的に変化する。“ジョブ”を見つけるのに一番確実なのは、自分が感じる“ジョブ”を定義することである。

　オープンプロセスリレーションでは、アイデア以前のテーマから共有するので、考える対象としての“ジョブ”の量が圧倒的に増えるのである。

⑥ビジネスモデル構築

　ここは、いわゆるビジネスモデルキャンパスの内容を具体的に書き込む段階だ。

　ここは専門的な能力が割と必要な段階なので、そういう人達が活躍する場となるだろう。

　オープンプロセスリレーションの観点でいうと、ここの公開はかなり抵抗が強いはずだ。完全で無料に公開するという未来は想定しづらい気がするが、例えば、「そのビジネスモデルを参考にした人は収益の一部を、参照元に支払う」のような仕組みが存在すれば、活発にこういったビジネスモデルの公開というのが行われるようになるかもしれない。

⑦テクノロジー採用

　ここは、「どのテクノロジーを採用して、その新規事業を実現するか？」というステップだ。

　オープンプロセスリレーションの観点でいうと、アイデアの実現に困った人が、「そのアイデア、このテクノロジーで実現できるよ！」みたいなアドバイスしてくれる人が増えると思う。

⑧自由度チェック

　「著作権を犯していないか？」などのチェックをする。

　オープンプロセスリレーションにとって、著作権は非常に重要な概念だ。

　ただ、著作権に関して、何か法律が変わる必要などはない。投稿する側の人が同意をすれば OK なだけだ。しかし、この同意が曖昧だと、後でトラブルになりかねないので、その点は注意する必要がある。

⑨実験

　実験。これをどれだけ多くできるかが、組織の盛衰を決める時代

になった。今まで○○だったから、☒☒のままでよい、はどの組織にも通用しないのである。どれだけ色々なカテゴリーで実験をして、その結果を組織運営に活かしていけるかで盛衰が決まる。

　Google、Amazon などは、そのような実験を沢山行うことで有名である。そのような実験を仕組みとして取り入れない限り、組織の成長はないであろう。

　その意味で、オープンプロセスリレーションは、社会全体で、この実験的な取り組みを沢山生み出そうというものだとも言える。特定の営利組織が行うことだとどうしても収益をあげる目的での実験の割合が多くなっていくが、社会全体で協力して、実験的な取り組みを行えるようになれば、収益に直接繋がらないことでも、公共の利益にかなえば、実験的な取り組みを行いやすくなる。

⑩新ビジネスケース作成

　様々な取り組みを行って、このステップまで辿り着く。ここまで至るのは、最初の候補から較べると遥かに少なくなっているだろう。

　ここまでの労力が大きかったのが、今まででだったが、オープンプロセスリレーションが定着すれば、ここまで辿り着くアイデアが遥かに多くなるだろう。となれば、1つのアイデアに頑張ってしがみつく必要は減り、実際にやってみて、駄目だったら、他のものに変えてみようという割と気楽な世界になると思われる。

9　新規事業の爆発的増加
　〜ミンナがイノベーターになる社会

　以上の 10 のステップが、同時並行で大量に行われることで、結果的に新規事業の数は爆発的に増える。淘汰されて消える事業もその分大幅に増えるが、社会に定着する事業も比例して多くなるので

ある。

　つまり、ミンナがイノベーターとして活躍するファンタスティックな時代の到来である。

　冗談みたいに思う方も多いかもしれないが、個人個人の能力が発揮されやすいように社会が必然的に動いていくというのも、時代の必然である。

10　オープンプロセスリレーションと
　　　学習する組織の5つの能力

5つのディシプリンとオープンプロセスリレーションの関係

　オープンプロセスリレーションで、社会全体が、学習する組織になる方向で有機的に繋がっていくことを示す。

　オープンプロセスリレーションが定着すると、社会全体が、学習する組織として機能するようになる。

　というか、そのような方向性をいくのが、人類の繁栄の道である。

　勿論、既にそのような流れは多岐に渡って実現しているのであるが、更にその流れを加速させていく必要がある。そのために、ここでは、学習する組織を実現するための5つのディシプリンとオープンプロセスリレーションの関係について考察していく。

①システム思考

　システム思考とは、人間の活動や様々な事象が連動して起こる一連の関連群として捉える考え方。

　言うまでもなく、人間社会は複雑であり、図にしたとしても1つの正解がある訳ではない。

　立場によっても違うし、考え方によっても異なる。あくまで、シ

ステム図をつくるのが目的ではなく、因果関係について理解を深めることが重要なのである。その意味で、このシステム図をつくるのは、色々な立場にある人が協力しあって意見を出し合ってつくるほうが価値が高い。システム思考のポイントは、その課題・問題が起きている原因が自分にあることを前向きに捉えられるようになることだ。

　オープンプロセスリレーションが定着すれば、異なる立場の人が、気軽に集まって、協力してこのシステム図のようなものを創っていく取り組みがあらゆるところで行われるようになる。

　また、誰かが、もしくは誰か達が創った、システム図のようなものを元に出発をして、議論を深めていくことも比例して増えていくだろう。

　その中で、どんな課題・問題も自分が解決のために変化を起こしていけることが、可視化されていく。その結果を元に、新規事業などを立ち上げることができるので、新規事業を立ち上げる労力は、どんどん減少していく。

　このような色々な立場の人が集まってチームになって話し合いをしていくことは、再三申し上げる通り、思いやりを醸成する場として、欠かせない。

　今後、テクノロジーが進歩するのは、間違いないが、それに比例して、人間社会の思いやりの総和が増える保証はない。なので、社会で意図して、そのように思いやりを醸成する場を活発に創っていくことは必須である。

②メンタルモデル

　メンタルモデルとは、個々の人々や組織が持つ固定化されたマインドのことをいう。個人や組織の成長のためには、このメンタルモデルを変化させることが重要になります。諦めのメンタルモデルが

強化されるか、希望のメンタルモデルが強化されるか、どちらかが強化されるかによって、社会の行方は変わっていく。

　言うまでもなく、希望のメンタルモデルが強化される方向に進むべきである。メンタルモデルはそう簡単には、変わらないが、希望のメンタルモデルを強化していくにはどうしたら、よいか？　それは、努力に対して応援される機会を増やすことである。また、思いやりが醸成された後に、努力しやすい環境を構築することである。そのためには、プロセスが重要である。

　私が取り組んでいる ZOOM ワークショップでは、SDGs に関連する動画を視聴した後に、アイデア出しを行っているが、このように、何か現実の困難さを学んだ後では、基本的に人間はどうにかしたい、何か役に立てることはないか、と多くの人が考える。

　ただ、そのような感覚は、行動に繋げなければ、すぐに忘れ去られてしまう。なので、動画を視聴した直後の行動が大事なのである。

　このような、何か行動の必要性を感じる機会とアイデア発想法のような解決を目指す場をセットで提供することが重要である。そのような機会と場のセットに多くの人が参加しやすいようにする必要がある。

　オープンプロセスリレーションでは、多くの問題を、チームで取り組んで応援されることが多くなるので、個々のメンタルモデルも、希望のほうが強化されるように動くまた、メンタルモデルを、競争ではなく共創の方向に動かさないと、オープンプロセスリレーション自体が成立しない。自分が出したアイデアで他の人が成功することを喜べる、寛容さが重要になってくる。

③チーム学習
　チーム学習とは、ビジョンを共有してチームで学び合いながら、

ビジョンの達成のために協力しあうことである。オープンプロセスリレーションを実現することで、今までに繋がらなかった人同士がどんどんチームを組むことができるようになる。その際は、Trelloなどのプロジェクト管理ツールが必要だ。多種多様な人とチームを組むことで、新たな価値を生みやすくなっていく。

　今後は、ほとんどの人が、それぞれ共感できる目標に沿って、様々なチームに所属することになるだろうオープンプロセスリレーションが実現すると、仕事に対する感覚も多いに変わってくる。「お金がもらえるから、○○の仕事をする」から「○○というビジョンを実現したいから××というプロジェクトに参加する。その対価として、お金をもらう」という感覚に、社会全体で変化していくだろう。

④共有ビジョン

　オープンプロセスリレーションが実現すると、ビジョンが新しくどんどん生まれるようになる。

　ビジョンはアイデアから生まれる。実現したいアイデアを元に人々が結集することで、共有ビジョンに進化するのである。オープンリレーションに参入することで、連鎖的にどんどん生まれるアイデアが更にビジョンに育っていき、その育ったビジョンを元に人が結集して、共有ビジョンに育っていく。その共有ビジョンを元に、プロジェクトがどんどん実現していく。

　そのような世の中になっていく。SDGs の 17 の目標を達成していくためにも、このチームビルディングを、国内のみでなく、国を越えて、どんどん起こるようにしていく必要がある。

⑤自己マスタリー

　自己マスタリーとは、自らの仕事や役割を拡げていく取り組みで

ある。オープンプロセスリレーションで様々な課題を考える機会を多く設けることで、自分の能力を役立てられる場を見出し、率先して、追い求められるビジョンに出会いやすくなる。

　また、人が考えた途中のプロセスをみることで、現状に対する認識能力を大幅に高めることができるのである。

11　色々なイノベーションと
オープンプロセスリレーション

イノベーション 10 種類とオープンプロセスリレーションの関係

　オープンプロセスリレーションが成立すると、個人の発意でイノベーションがどんどん起こる。

　そこで、イノベーションの 10 種類と、オープンプロセスリレーションの関係について考察する。

①利益モデルイノベーション

　個人がどんどん新しいサービスを開発・提供するようになると、保証サービスが伸びるだろう。

　利益モデルについての、アイデアは一般的に、公開されることは少ない。

　しかし、オープンプロセスリレーションで公共貢献精神が強くなっていくと、こういったモデルに関してのアイデアもどんどん公開されるようになるだろう。困った人を助けようという思いを出発にしたサービス・プロダクトには、利益モデルを含めて様々なアドバイスが届くようになる。

　そうなると収益をどう分担するのかが、課題になってくるが、その部分はブロックチェーンの NFT 系のサービスをうまく活用して解決するようになる。

よいアドバイスをしただけで、収益に繋がる可能性も出てくることで、思いやりのあるイノベーションはどんどん加速していくのである。アドバイスしただけでお金がもらえるし、困った人の役に立てるとしたら、参加しない人がいるだろうか？

②ネットワークイノベーション

　オープンプロセスリレーションで、アイデア出しの段階から、問題解決を考える段階から、様々な人が有機的に参加することで、このイノベーションが生まれる可能性が飛躍的に高まる。また、NFTの利用により、サービスの提供側にも、様々な人が参加するようになる。複数の仕事につく人が当たり前の社会になる。

　それぞれの強みを有意義に、創造的な形で活用しやすい社会になる。

③組織構造イノベーション

　優れた組織のあり方が、模倣されやすいように公開されることで、様々な組織が、創造的に模倣を行いやすくなる。1人が複数の組織で仕事をするのが普通になり、個人が思ったことをアイデアとして提案すること、それが共有されて、組織のミンナで検討、ブラッシュアップすることが当たり前になり、そのアイデアの取り入れ方のプロセスも洗練される。また、優れた組織的な取り組みは、他の組織で活用することが、より容易になり、それぞれの組織の生産性が飛躍的に高まっていく。

④プロセスイノベーション

　サービス・プロダクトの生産に関して、SDGsの達成のために、環境への優しさが求められている。

　オープンプロセスリレーションで、そのようなプロセスに関して、提供している主体以外にも、情報が公開され、様々なアイデアが提供されることで、それらのうちから選んで、実験的な取り組みがし

やすくなる。あるアイデア単体では、価値が薄いものでも、様々組み合わさることで、飛躍的なイノベーションとなる。

　プロセスの足りない部分を埋めるというだけでなく、プロセス自体を新しく創ろうとする取り組みが増える。

⑤製品性能イノベーション

　製品を使うのは、生産者ではなく、消費者である。つまり、どの製品でも基本は生産者でなく、消費者が、この製品こうだったらもっとよいのに、というアイデアを思いつくシーンは圧倒的に多いのである。

　オープンプロセスリレーションでは、それらのアイデアがどんどん共有されて、実験的に実現することで、どんどん面白い価値ある商品が世の中に生まれてくる。

⑥製品システムイノベーション

　様々にテクノロジーが進化していくことで、生産者と消費者という区別がどんどん曖昧になっていく。

　そんな中、オープンプロセスリレーションでは、新しい製品自体が、新しいアイデアからどんどん生まれるようになる。

⑦サービスイノベーション

　「こんなサービスあったらいいなー」は普段多くの人が少なからず思うことである。

　ただ、現状は、ほとんどの人が、その時点で声をあげない。しかし、オープンプロセスリレーションでその声が形になっていく事例が出てきて、その上、それで収益もある状況になれば、そのような声はどんどん形になっていく。

⑧チャネルイノベーション

　オープンプロセスリレーションによって、様々なアイデアが共有されることで、サービス提供、プロダクト生産をそれまで思いもよ

らなかった属性の人が行うようになる。社会はそのように進化していく。

⑨ブランドイノベーション

　自分のアイデアで、社会に貢献する人が一種のブランド化していく。

　そのような働き方をする人が急速に増えていくだろう。また、そのような人をサポートする組織やサービスも活発になっていくだろう。

⑩顧客エンゲージメントイノベーション

　オープンプロセスリレーションは、娯楽産業の面も持つ。誰かの役に立つことで喜びを感じる人間の側面を最大限活用する。顧客という単語自体の意味が消費者から解決者へと大きく変化していく。

12　オープンプロセスリレーションが 定着した社会のある人の普通の1日

一般的な人の1日のシーンでみると

　オープンプロセスリレーションが実現することで、どのように働き方、生活に変化が起こるのか想像して、ある一般的な人の1日のシーンを朝起きてから寝るまでのシーンを描いてみよう。

・朝起きて

　朝起きて、投稿したアイデアに対する状況を見てみる。

　結構返信があった。一緒にやりたいという人も沢山いるみたいだ。

　途上国向けの簡易トイレをつくるプロジェクトだったが、色々な人から協力してくれるという話がきた。他にも10アイデアのタネを仕込んだがどうだろうか？　仕事にまでなりそうなものはあるか

を確認中だ。

　昔は、アイデアを形にするのは、かなり大変だったが、今は、フローができたので、かなり簡単になった。どんどん協力してくれる人が現れるから凄く楽しい。

　ブレスト的なアイデア出しも専用のアプリが色々あって、色々な立場の人と気軽にブレストできるので、アイデア出しには困らない。

　そう、こないだは、私が出して忘れてたアイデアが元になってビックプロジェクトが実現した。

　私は、アイデアを出しただけだけど、お金を継続してもらえている。詳しくは知らないが、ブロックチェーンのNFT技術が使っているらしい。似たアイデアは沢山の人が出していたので、私にだけ大金が入る訳ではないが、継続収入としては凄く大きい。

　今回のように、アイデアを出すだけでお金になる可能性があるので、そのプラットフォームに参加する人はどんどん増えていく。

　まあ、お金だけではなく、社会貢献的な動機で始めている人も多い。困っている人の役に立てるということで、逆にお金を払う人もいる。世の中色々な人がいるものだ。

・お昼に

　今日は、お昼から、私が企画した企画書の実現性に向けてのオンライン検討会だ。私は、どっちかというと発散頭なので、こういう思考は1人ではなかなか難しい。

　検討会は、実現性を厳しく見るので、ダメ出しされることが多いが、でも、凄く実現させたい企画なので、望むところだ。

　このダメ出しをクリアできれば、晴れて次の段階に進むことができる。

　今回の内容だと、次の段階では、AI開発専門会社が、試験的な

取り組みを行う流れになるだろう。そこまでいくとだいたい実現する割合は60％位らしい。ただ、他の企画と合流する可能性も高く、その場合は、収益が何割かになるが、まあ、それはしょうがない。

・午後3時

　あー、お昼のダメ出しはクリアできず。けちょんけちょんに言われてしまった。

　でも、また、考えて、提出しよう。いいところまではいっているので、後、もう少し。

　福祉関係の人に意見を聞いてアドバイスをもらうのもよいかもな。

　こういうアドバイスを色々な分野の人に聞くのも、随分簡単にやれるようになった。

　これなら、どんどんイノベーションが進むのは当然だ。

　この後は、海外の人と打ち合わせだ。一度ヒアリングをした内容から仮説を立てたけど、どうだろうか？

　どきどきする。喜んでもらえるとよいのだが。

・夕方6時

　予想していた今後の流れとは全然違う方向に話が進んだ。もっと、考えて、別方向のアプローチをしないとダメみたい。プロセスオープンしたので、誰かが、多分アドバイスをくれるだろう。

　もしかしたら、ARの技術を応用したらよいのかもと思って、その分野に強い人達に注目してもらえるようにメンション済みだ。そして、こないだ読んだ、○○という書籍の××という部分が解決のために使えそうだと直感した。この件で明日はワークショップを開催する。AIがセッティングしてくれるので、最適な人からアドバ

イスをもらえるだろう。ちなみに、こういったアドバイスは、記録され、そのプロジェクトが成功した際は、成功報酬で対価が支払われるので、アドバイスするほうのモチベーションも非常に高い。

近未来の１日の流れをイメージしてみて

　いかがだろうか？　このような働き方をしている人はまだかなり少ないと思われる。働く日のうちの何日かをこのように、色々なプロジェクトに参画する働き方は、これからどんどん増えるだろう。SDGs の達成を目指して、経済合理性ではなく、社会課題解決合理性なるものがより意識され、そこに人材が結集されるようになるからだ。

　社会の課題というのは、それこそ無数にある。それぞれを解決するのに掛かるエネルギー（人の熱意という意味のエネルギー）も莫大に必要だ。従来の行動を続けていくだけでなく、変化を自ら起こす取り組みに、より多くの人が参加するようになるだろう。

　また、そのような社会の変化を導くために、考え行動する力を伸ばすトレーニングのプロセスも、各人の特性・職業・経験を鑑みて適したものが提供されていくように洗練されてくることだろう。

　このような変化を導く力、いわばイノベーターとして活躍するにはどうしたらよいかを体系的に説明した書籍に『イノベーターのDNA』がある。この本の中では、イノベーターになるには５つの要素を鍛える必要があるという主張がされているが、それら５つを継続してトレーニングしている人は今の世の中にはほとんどいない。あくまで一例だが、そういったトレーニングを継続して受けるのが普通になって、誰もがイノベーターとして活躍するのが普通の世の中になっていく、その結果が、ここに記した近未来の様子である。

第2章

オープンプロセスリレーション
が生み出す
マスソリューション業界

1 マスソリューション業界とは

消費者が解決者になるための業界

オープンプロセスリレーションが社会に定着すると、新しくマスソリューションという業界が生まれる。ちょっと想像しにくいかもしれないが、今までは、マス、つまり大衆は、情報を受け取る主体だったのが、大衆が情報を受け取って、具体的な解決策を生み出し、実行する主体となる世界だ。

消費者が解決者になるための業界だ。サービスを受け取る主体が問題解決に色々な形で気軽に参加する世界である。その世界では、困っている状態の構造的な把握を基本コミュニケーションとして、そこで終わらず、問題の解決案をミンナで考える世界だ。高齢化社会の問題や社会的な様々な困難を解決していくには、この方法しかないだろう。

副業が当たり前になる時代が来ることを考えると、この業界は、あらゆる業界の人が副業的に関わる領域となり、その副業的に関わる人が、力を発揮するのをフォローすることを専門とするのが、マスソリューション業界になるだろう。

マスソリューション業界の役割
3つの役割

マスソリューション業界の役割は、大きく3点である。
①世界の状況、課題を構造的に見える化する

従来は情報を公開する際は、編集不可にするPDF形式が多いが、マスソリューション業界は、今後編集可能に、更に、アイデア発想法での活用が可能な形で提供するように進化する。

PDFなどを使って編集不可能にしてしまえば、そこを出発点にミンナで思考することはできない。

少し手を掛ければ、PDFでも編集可能・アイデア発想法で活用が可能なほうに変形できる、と思うかもしれないが、その少しが致命的である。

②調査、分析、アイデア発想、企画立案、ブラッシュアップ、提案をチームでサポートする

アイデアを形にする、実行可能な企画、計画にまでまとめ上げるのは非常に労力がいる。しかし、安価に簡易にサポートを受けることができるようになれば、やってみたいという人は多い。

③適切に人と人、組織と組織を繋ぐ

課題解決のアイデアとテクノロジー、困った人と困った人、スキルを役立てたい人とスキルを活用したい人など、様々な形で繋ぐ仲介役の役割を果たす。

このようなサポートを専門に行う人材がいることで、アイデアが形になるスピードが飛躍的にスピードアップする。また、こういった、サポート業が収益に繋がる仕組みがブロックチェーンのNFT技術やAI技術で実現することで、この業界は急激に大きくなる。

2 マスソリューション業界と、既存の各業界の関係の予想

マスソリューション業界と、既存の各業界がどのように関係を持つのか、想定してみよう。

①出版業界とアプリ開発

まず、ここが起点になるだろう。

出版物というのは、人間の英知の集合である。しかし、現状は、読む→実践するというプロセスが、親切に設計されているとは言い難い。そこで、書籍コンテンツのアプリ化という分野が一大産業として現れてくるだろう。ある意味、出版のDXといえるかもしれない。

マスソリューション業界にとっては、従来の消費者＝解決者になるので、買った人が、即、課題解決に役立てられるように設計されている必要がある。出版社、著作者は、従来の著作権などの権利に固執するよりも、そのコンテンツを社会のより多くの場所で活用してもらって価値を生み出すことに、寄与する姿勢が大切になってくる。

こちら、詳しくは、私の電子書籍、『アフターコロナ時代の事業アイデア10選【付録付き】』の書籍のアプリ事業というところで詳しく述べているので、参照して欲しい。マスソリューション業界の人と出版社の人が協力してDXを行っていくという流れになるだろう。

②コンサル業界

マスソリューション業界が生まれることは、コンサル業界にとっては、チャンスでありピンチであろう。ここでは、問題解決をコンパクトに伝えられる組織は、それで大きく収益を高めるだろうが、逆に業務を奪われる領域も出てくるだろう。

ただ、そういった、専門的にコンサルティングを行う人材、プロジェクトが必要なくなることはないと思うので、うまく共存していく方向に進むだろう。

ノウハウを公開する会社、しない会社に大きく別れるだろうが、公共の利益を鑑みて判断して欲しいところである。

③人材業界

どこの業界でも、基本的にイノベーターとして活躍することが求

められる社会となるため、問題解決、アイデア発想のノウハウを既存の領域の資格・技術と組み合わせて教えられる組織が、より発展する傾向になるだろう。

　それぞれの、人材をどのような存在として認識するかが、非常に大きな分かれ目となる。収益は高いけど、結局、幸福に繋がらない事業は、見える化が進むにつれて、社会的共感が下がっていくのは間違いない。

④教育業界

　前述の通り、教育のあり方も、オープンプロセスリレーションによって変わっていく。その中で、中学・高校・大学から、問題解決、アイデア発想のノウハウを学ぶのが当たり前になって、マスソリューション業界で活躍する人材をどんどん輩出するようになる。

⑤マスコミ業界

　マス・コミュニケーションが必要になるとは思わない。ただ、状況の分析、批評に使われているエネルギーが社会全体のエネルギーの割合からみて多すぎる、というのは多くの人が感じることであろう。

　それは、具体的な提案をするのに、非常にエネルギー、能力が必要だった時代にはいたしかたなかったが、提案が気軽にできて、実現する時代においては、そういった批評に使われるエネルギーは相対的にかなり減ってよいのではないかと考えている。

⑥製造業

　マスソリューション業界によって、今までとは比較にならない、製品提案、企画提案、サービス提案がなされるようになる。

　それをいかにうまく、SDGs の達成に寄与するように、実際に開

発できるかに重点が置かれる。様々なテクノロジーで新しいことがどんどん実現できるようになるのは間違いないが、社会の風潮として、個人の快適さ、楽しさを追求するよりも、困っている人の役に立とうと頑張っている人のほうが、クールだと認識されるようになっていくので、そこにしっかりマッチする開発ができるかが重要になってくるだろう。

⑦各種サービス提供業

　こちらの業界も、「消費者、お客様を満足させる」のを重視する観点から、「困っている人のために消費者と一緒に、いかに役に立っていくか？」を重視する観点へ変更する必要がある。人間の欲望は際限がないので、「いかに品質をあげて満足させるか？」を追求しても、終わりがないし、「世界全体の状況を考えてみると、十分、現状で満足しようよ」という風潮が今後どんどん強くなっていくのである。

　日本においても。日本においては、ある一定以上の水準にあらゆるサービス、商品がなっている場合がほとんどなので、そういった観点は、消費者側からしても重要になるだろう。世界の現状をさしおいて、日本の中だけで、高品質、高満足を追求する姿勢は、結果的に、生産者にとっても、消費者にとっても、よくない場合があるのではないか、というのは常に持っておきたい視点である。

3　マスソリューション業界と問題解決の7つの状況

問題解決の7つの状況とは

　問題解決を考えたときに、現状、希望する未来、解決策の3つが要素としてある。

　それぞれ、わかる／わからないで分岐するとして、それぞれを組み合わせれると8個の状況がうまれる。

　状況を要素で整理すると、次のようになる。

①現状○、未来○、解決策○

②現状○、未来○、解決策×

③現状○、未来×、解決策○

④現状○、未来×、解決策×

⑤現状×、未来○、解決策○

⑥現状×、未来○、解決策×

⑦現状×、未来×、解決策○

⑧現状×、未来×、解決策×

　それぞれを、文章にしてみると次の通りだ。

①現状の望ましくない状況も未来の希望する状況もわかっていて、解決策もわかっている

②現状の望ましくない状況も未来の希望する状況もわかっていているが、解決策がわからない

③現状の望ましくない状況はわかっているが、未来の希望する状況はわかっておらず、しかし、解決策はわかっている

④現状の望ましくない状況はわかっているが、未来の希望する状況はわかっておらず、したがって、解決策はわかっていない

⑤現状の望ましくない状況はわからないが、未来の希望する状況はわかっており、解決策はわかる

⑥現状の望ましくない状況はわからないが、未来の希望する状況はわかっているものの、解決策はわかっていない

⑦現状の望ましくない状況も未来の希望する状況もわかっておらず、しかし、解決策がわかっている

⑧現状の望ましくない状況も未来の希望する状況もわかってお

ず、解決策もわかっていない

問題解決の8つの状況の考察とマスソリューション業界

　現実は、このような8個のうちのどれかにきっちり分けられることはないが、8つのどこかに近いだろうと感じることはできる。現実社会で、解決策が全く用意されていないことは、少ないと思うが、ただ、未来の希望する状況を話し合ってすらいないことは多々ある気がする。となると、前記③や⑦の状況は意外に多いのかもしれない。

　地球規模で考えると、2030年SDGsの達成という未来の希望する状況が設定された。

　しかし、地域地域で状況が違うし、具体性を持たせるには、話し合いしかない。

　誰かから、未来の希望する状況はこうだよね、と押し付けられるよりは、話し合いの中で自分の意見を出しながら形成された希望する未来のほうが遙かに納得感があるからです。

　また、現状を正確に把握するというのも、とても莫大な調査が必要だ。

　このような観点から、マスソリューション業界の誕生は、必要不可避な流れと考える。

・現状がどうなっているか？

・未来はどうあるべきか？

・希望する未来へどのように進むべきか？

　その3点を、より多くの人が参加型で話し合って考えて解決策を生み出して、有機的に連携してその解決策を実現していく必要があり、それをより価値的に行うことをサポートすることが、マスソリューション業界には求められる。

第3章

新規事業創出における
アイデア発想法の
考察と実践

新規事業を考えるのに、アイデア発想法がどのように役立つのかについて、考察する。オープンプロセスリレーションによって、アイデア発想法を実践する人が爆発的に増え、新規事業の数が爆発的に増えることで、今までとは、状況がかなり変わってくることをふまえて考えるものである。

1　方針とアイデア

方針とアイデアの関係とは

　アイデアと方針の関係を知ることが、新規事業を考える上で非常に重要だ。

　アイデアの中から方針が生まれ、方針からアイデアが生まれる。

　この相互作用が重要である。

　一般的にわかりやすく喩えると、以下のようなことになるだろう。

　ある人が、服を買いに行くときをイメージして欲しい。

　こんな感じのファッションにしよう、というときの”こんな感じ”が方針である。

　そして、その方針に沿って、買う場所を選び、その方針に沿って、服を買う。この服は、方針に合う・合わないを判断するわけである。

　逆に、買いにいったお店で、元々の方針には合わないけれども、魅力的な服があって、方針を新たに練り直す。これが、方針の変更である。

　このように、ちょっとしたアイデアが方針に影響を与える。

　また、逆に、方針がこのパーツを選ぶ、というアイデアに影響を与えるという意味で、方針とアイデアは相互に影響しあう関係なのである。

　ここが理解できないと、恐らく、アイデア発想法をする意義をあ

まり感じられないだろう。

　つまり、「方針を固定したものと捉え、そのためのアイデアを出す」だけだと考えると、大きな変化を望めないのである。大きな変化を望めないということは、大きな希望を持つこともできないのである。

方針とアイデアの関係性が変わる！

　昔はビジネスの世界で、方針に沿っていないアイデアは切り捨てるのが当たり前だった。そういった方針に関わるアイデアを出して形にしていくのは、ごく一部の司令塔的な存在の人達だけだった。しかし、これからは、よいアイデアに沿って方針を練り直す、または、組織自体を分離して小さな組織をつくって、別の方針を実行する、アイデアの実現に向けて組織が新しく生まれる、ということがより重要になってきている。

　なぜかといえば、繰り返す通り、変化が激しく、SDGsの達成のために、実現しなければいけないアイデアが膨大に存在するからである。ビジネスにおいても、一度うまくいった方針がそのままでは機能しなくなるということを、多くの組織・個人が感じている。そのような時代は、個々がよいと思えるアイデアを方針にまで育てて、実現していく必要性が大幅に高まる。

2　事業創出におけるアイデア発想法の位置づけ

アイデア発想法の役割は大きくなる

　このように変化の激しい状況では、アイデア発想法は、最初の1ステップという認識を捨て、アイデア発想法を行って、その中で、よいものを、事業創出ステップに運ぶという意識変換が必要である。

　そして、オープンプロセスリレーションが定着すると、このアイ

デア発想法の実践と事業創出のそれ以降のフェーズを同じ人が行わなくなることも認識が必要だ。

　また、アイデア発想法と事業創出プロセスの境目は曖昧である。

　さらに、アイデア発想法は、事業創出プロセスの途中途中で必要になることもある。

　どちらにしても、アイデア発想法の役割は今後、大きくなっていくであろう。

3　アイデア発想法の色々なタイプ

アイデア発想法には、どれ位、種類があるだろうか？

　それこそ、組み合わせれば、無数にあるし、無数につくれる訳だが、大まかな方針を抽出してみると、次の３つがある。

①ランダムに抽出した関係ないものと組み合わせて発想する
②ヒントになるリストと組み合わせて発想する
③構造化して発想する

①ランダムに抽出した関係ないものと組み合わせて発想する

　アイデアを考えるときに、通常は、そのアイデアを考えるのに役立ちそうなことをヒントに考えるのが人間の常である。

　その習性を逆手に取るのがこのやり方だ。今だと、ネットで、ランダムな数を表示してくれるサイトがあるので、それを使うと簡単にできる。

　手順としては、Excel に 1~10 の番号を振り、1~10 に、身の回りのものなどを自由に割り振っていく。そして、乱数を 1~10 で発生させ、出た数字に割り当てられたものをヒントにアイデアを考えるということだ。勿論、1~10 でなくても、もっと増やしてもいい。

②ヒントになるリストと組み合わせて発想する

有名なオズボーンのチェックリストを筆頭に、様々なヒントのリストが用意されている。

1つのテーマを元に、このチェックリストの1つひとつをヒントにアイデアを出してもよいし、出てきたアイデアを更にこのヒントのリストを参考に更にアイデアを出してよい。

③構造化して発想する

なぜを5回繰り返す際に、その1つひとつの原因に対する対策のアイデアを出すという方法をコンセプトファンという。このように、課題を深堀ったり分解してアイデアを出す方法もある。

4　アイデア発想のテーマ

テーマによって出てくるアイデアが変わる

アイデアを発想するときに、大事なのはテーマである。

当たり前だが、テーマが何かによって、出てくるアイデアは全然変わってくる。同じ意味のテーマでも表現が変わるだけでも全然変わってくる。

「どんなテーマを元にアイデアを発想するのがよいのか？」というのは非常に重要な課題だが、あまり研究している人がいない気がするのは不思議なことである。

この分野の研究が進まなかったのは、今までが、アイデア発想法なんていう成果が出るかもわからない、そんな不確実なものに頼る必要がなかった時代だったから、というのもあると思うが、今後の不確実な世の中では、アイデアを沢山出して、その中からよいものを選んで、実行に繋げる必要性がどんどん増していくので、この分

野の研究はどうしても必要になってくる。

　これは、今後の研究テーマであるが、確実に言えることは、アイデア発想法の実践は、一段階目では効果が薄いことが非常に多いということである。

テーマにおける前置詞の活用

　続いて、よいテーマを設定することがよいアイデアを生むのに重要になるという観点から、テーマについて、前置詞との組み合わせから考察する。

　前置詞の関係について考察する必要性を感じたのは、アイデア出しをするテーマを観察してみると、前置詞が使えていないことが多いからである。前置詞を使うということは、出てくるアイデアに方向性を出す、限定をかけるということに繋がるので、うまく使えば、成果が増すことに繋がるのではないか？　と直感したからである。

アイデア出しのテーマに前置詞を使う例

　"業務上でAIを使うよいアイデアを考えよう"
というのと、

　"会社の売上アップに繋がるAI活用のアイデアを考えよう"
では出てくるアイデアがかなり変わってくる。

　会社の売上アップのための、という目的を示しているわけであるが、単純に、このテーマの出し方で、成果に繋がりやすいとはいえないのが、難しいところである。

　他に、

　"顧客と会社を繋ぐAIの活用アイデアを考えよう"
としてみると、かなり出てくるアイデアが限定されるが、その限定した中で、無理やりアイデアを沢山出すことで、成果に繋がりやす

い可能性は十分にある。

　発散と収束のバランスを、アイデア出しにかける時間や、目的、参加する人の性格などを総合して判断する必要があるのだろう。

　この部分を読んで、いかにテーマが大事で、テーマをどう設定するかを考えるきっかけにしていただければ幸いである。

前置詞の意味の抽出

　参考になればと思うので、まず、前置詞の意味の重複なしにリストにすると図表1の通りになった。

　これは、英語の前置詞を日本語の意味で重複するものを削ったものである。あくまで私の感覚で抽出しているので、厳密なものではない。

SDGs の達成を考えるテーマをそれぞれの前置詞から生み出した例

　実際に、前置詞のタイプにあわせて、テーマを展開した例を図表2に掲載した。

　大元のテーマは今トレンドの、「SDGs をいかに達成するか?」にして、それぞれの前置詞を使って、テーマを展開している。同じテーマでも、前置詞を使うと、全然違う感じになることを感じてもらえればと思う。

前向きに考えて努力に繋げる人が増えることで社会は変わる

　いかがだっただろうか?　社会は多くの人がそうなっていくだろう、そうなって欲しいと考える方向に動いていくというのは、事実だと思う。

　そうすると、いかに SDGs を達成すればよいか、を真剣に考える人が増えれば増えるほど、達成に近づくのだと思う。

〔図表1　前置詞の種類の抽出（67個）〕

1, 〜について
2, 〜に乗って
3, 〜より上
4, 横切って
5, 〜の後で
6, 〜に反対して
7, 〜に沿って
8, 〜の横側に
9, 〜の真っ最中に
10, 〜の間で
11, 〜に反対で
12, 〜の周りに
13, 〜として
14, 例えば〜のような
15, 〜に
16, 〜を除いて
17, 〜の前に
18, 〜の後に
19, 〜より下で
20, 〜のそばで
21, 〜の他にも
22, 〜を超えて
23, 〜によって
24, 〜までに
25, 〜の割には
26, 〜にしては
27, 〜にもかかわらず
28, 〜を下って
29, 〜のために
30, 〜の期間
31, 〜から
32, 〜の中に
33, 〜の内側に
34, 〜の中へ

35, 〜を含まない
36, 〜のような
37, 〜を引いている
38, 〜の近くに
39, 〜の
40, 〜から離れて
41, 〜から降りて
42, 〜に
43, 〜の向う側に
44, 〜の外に
45, 〜には失礼ながら
46, 〜を過ぎて
47, 〜を待つ間
48, 〜毎に
49, 〜を加えて
50, 〜に関して
51, 〜くらい
52, 〜の周り
53, 〜を除けば
54, 〜以来
55, 〜よりも
56, 〜を通って
57, 〜のいたるところで
58, 〜まで
59, 〜の方へ
60, 〜と違った
61, 〜の上の方に
62, 〜対
63, 〜を経由して
64, 〜の代理として
65, 〜と一緒に
66, 〜の範囲内で
67, 〜なしに

〔図表2　前置のタイプにあわせてテーマを展開した例〕

1. ～について
SDGs を達成することについて、社会の多くの人がより興味を持つにはどうしたらいいか？

2. ～に乗って
テクノロジーのトレンドの流れに乗って、SDGs の達成を加速させる方法はないか？

3. ～より上
60 歳より上の人が SDGs を達成するのにより貢献するにはどうしたらいいか？

4. 横切って
色々な組織を横切って、SDGs を達成するのに協力するにはどうすればよいか？

5. ～の後で
オリンピックの後で、SDGs を達成するために行うべきことは？

6. ～に反対して
SDGs の達成に反対していることはあるだろうか？

7. ～に沿って
今までの人類の進化に沿って考えると、SDGs を達成するために、これからどんな変化が起こせる？

8. ～の横側に
SDGs の達成を考えるスペースを何かの横側に設けられないだろうか？

9. ～の真っ最中に
通行の真っ最中に SDGs の達成に向かってできることはあるか？

10. ～の間で
A の組織と B の組織で、SDGs の達成のために協力してできることは何か？

AとBと協力できることを考えよ。

11,〜に反対で

SDGsの達成のために、地球の反対で起こっていることを解決しようとする精神はどうやったら身に付くだろうか?

12,〜の周りに

SDGsの周りには、どんな課題があるだろうか?

既存の知識群の周り、例えば、株式投資、資産運用などの周りに、SDGsを達成するための鍵が落ちていないだろうか?

13,〜として

SDGsを何として扱えば、達成が近づくだろうか?

14,例えば〜のような

例えば、稲作が広まって社会が激変したように、何かが広まることで、SDGsを達成するとしたら、その何かとは何だろう?

15,〜に

SDGsを達成するのに足りないものは何だろう?

16,〜を除いて

?

17,〜の前に

SDGsを達成の前には何が起こるだろうか?

18,〜の後に

SDGsの達成の後ろには何が起こるだろうか?

19,〜より下で

地面より下で、SDGsの達成のためにできることは何だろうか?

20,〜のそばで

SDGsの達成を目指すそばで、増える雇用はどんなものがあるだろうか?

21,〜の他にも

既存の組織の他にも、SDGsの達成のために必要な連帯を生み出す

組織が必要なのではないか？

22, 〜を超えて

今までに SDGs の達成に一番貢献していることは何だろうか？　それを超えて、貢献するにはどうしたらいいだろうか？

23, 〜によって

暇を持て余している人によって、SDGs の目標達成してもらうにはどうすればいいか？

24, 〜までに

一般的な事業の営業目標と同じ流れで 2030 年までに SDGs を達成する計画を立てるとどうなるだろうか？

25, 〜の割には

そのポテンシャルの割には、SDGs の達成にまだ力を発揮できていない組織、個人などは、どんな組織、個人だろう？

26, 〜にしては

投資金額にしては、SDGs の達成に貢献していないことは何だろう？

27, 〜にもかかわらず

SDGs の達成を目指さなければいけないにもかかわらず、達成のための指標があまり浸透していないのはなぜだろう？

28, 〜を下って

SDGs 達成を阻む原因を下っていくとどんな原因があるだろうか？

29, 〜のために

SDGs が達成できなくて困っている人のために、より多くの人が協力しあえるようにするにはどうしたらよいだろうか？

30, 〜の期間

その決められた期間中は、SDGs の達成について、世界全体で協力して考えて考えた内容を実行に移すにはどうしたらいいだろうか？

31, 〜から

SDGs の達成のために、何かから学べることはあるだろうか？

32, 〜の中に
ある組織の中で、SDGsの達成のモチベーションを高めるにはどうしたらいいだろうか？

33, 〜の内側に
？

34, 〜の中へ
？

35, 〜を含まない
？

36, 〜のような
新しく森が生まれるようなプロセスで、SDGsの達成を構想できないか？

37, 〜を引いている
？

38, 〜の近くに
？

39, 〜の
？

40, 〜から離れて
？

41, 〜から降りて
既存の常識から降りてSDGsが達成できると仮定すると、降りるべき既存の常識とは何だろうか？

42, 〜に
？

43, 〜の向う側に
？

44, 〜の外に
？

45, 〜には失礼ながら

？

46, 〜を過ぎて

？

47, 〜を待つ間

？

48, 〜毎に

SDGs の 169 のターゲット毎に、達成の責任をおう組織群ができあがったらどうだろうか？

49, 〜を加えて

SDGs の 169 のターゲットに加えて、更に細分化した下記の目標を立てられないだろうか？

50, 〜に関して

？

51, 〜くらい

？

52, 〜の周り

？

53, 〜を除けば

？

54, 〜以来

？

55, 〜よりも

NGO・NPO よりも、更に、世界の協力を推進できる組織形態はあるだろうか？

56, 〜を通って

前回の世界的な目標を通って現在にいたるわけだが、前回の達成・未達成の原因を公開して、2030 年に達成するために役立てられな

いか？

57, 〜のいたるところで

SDGs の達成のため、世界のいたるところで、地球の反対側の状況を思いやる仕組みができないだろうか？

58, 〜まで

SDGs の達成のために、2025 年までの段階目標を立てられないだろうか？

59, 〜の方へ

?

60, 〜と違った

?

61, 〜の上の方に

?

62, 〜対

SDGs の達成に対して、ヒト・モノ・カネ・シコウがより多く流れる仕組みはどうやったら実現するか？

63, 〜を経由して

中学校、高校、大学を経由して、SDGs の達成に貢献するプロジェクトが続々生まれるようにするにはどうしたらよいだろうか？

64, 〜の代理として

SDGs の達成のため、困っている人の代理として活動する人をいかに育成できるだろうか？

65, 〜と一緒に

?

66, 〜の範囲内で

?

67, 〜なしに

?

補足）" ？ " の部分は執筆中に思いつかなかったため、" ？とさせていただきました "

逆に、無関心、無気力な人が増えれば、達成は遠のく。そう考えると、今回のこのテーマ群をきっかけに、SDGs をいかに達成できるかを考え始める人が増えてくれれば何よりだ。

また、大事なことではあっても、成果まで遠い、考える意味を感じづらいことが沢山ある。だからこそ、多様な人と意見を交換しあって継続的に思考するオープンプロセスリレーションが大事である。

起点として、アイデア発想ワークショップなど、チームで考えることで1人では考えるのが難しいことも考えを進めることができる。1人ではかなり辛い時間になってしまう。

人の意見を聞いて、それによって、更に発展させる。そんな時間が必要なのだ。

5　アイデア発想法に関する重要概念、知識の掛け算

知識の掛け算とは

SDGs を達成するためには、今まで以上に、様々な知識が開発されていく必要がある。

そこで、知識の掛け算が重要になる。

アイデアは、既存の要素の新しい組み合わせと言われるが、既存の集合知識どうしが掛け合わさると、新しい集合知識が開発される可能性が高い。

アイデア発想法のおたくの私は、アイデア発想法と何を掛け合わせるかということを、色々考えているが、次の3つが非常に可能性があるのではないかと考えている。

①株式投資　×　アイデア発想法

②スポーツのトレーニング　×　アイデア発想法
③社会学　×　アイデア発想法
　1つひとつ解説したい。

①株式投資　×　アイデア発想法

　株式投資の情報は、今現在好調な会社の情報が集まる。

　既に成功していることに、アイデア発想法で様々に展開をしていくことで、更に成功するビジネスモデルが生まれる可能性は、相対的に非常に高いだろう。

　社会貢献的な志に、現実として成功している事業をヒントとして掛け合わせることができれば、社会貢献度合いが高く、収益性も高い事業が続々と生まれる。

②スポーツのトレーニング　×　アイデア発想法

　私はサッカーを大学までやっていたが、このトレーニングをアイデア発想法で考案するというのは非常に面白い。まだ、あまりやっている人がいないから、凄く可能性を秘めているだろう。

　例えば、ダンベルを両手に持って、サーキットトレーニングをすると、非常に、身体能力が高まりやすい。重すぎるダンベルを使うと膝を怪我するので、注意が必要だ（実体験）。

　また、ランダムに音がなるアプリで、反射神経を鍛えるというトレーニングもできる。1人のトレーニングでは、ランダムな動きに対応するという環境をつくるのが難しいがスマホアプリを使うと、そのようなことが簡単にできる。

　サッカーだけでなく、バスケットボール、ハンドボールや、格闘技など、相手の動きに瞬時に反応する必要のあるスポーツには有効なトレーニングになるだろう。

③社会学　×　アイデア発想法

　社会学は、身近な現象を研究する学問なので、そこからテーマを抽出して、アイデア発想法を行うことで、様々な新しい概念が生まれそうな気がする。社会学以外でも、学問とアイデア発想法を組み合わせるのは色々と可能性があるだろう。そもそも、常識を疑う方針の学問なので、アイデア発想法との相性はよさそうだ。

分野と分野を組み合わせて新しい知識分野を開拓する

　以上のように、分野と分野を組み合わせることで、色々な可能性が生まれる。読んでいる方も、自分の得意分野などを組み合わせて、何か新しいものが生まれないか、考えてみて欲しい。

　今回は、株式投資、スポーツのトレーニング、社会学という3つの分野を通して考えたが、どの専門分野でも、このようなアイデア発想法との掛け算をして、新しい分野をつくるのは可能である。

　その手順に関しては改めて考察したい。ただ、そのような新しくアイデア発想法を掛け算した分野の考察をするためのテーマというのは、私のほうで、順次創っていこうと考えている。

　そのような、専門知識とアイデア発想法をかけ合わせたような考え方を始められるテーマがあると、創造的な仕事を圧倒的に行いやすくなると思われる。そして、専門知識を学ぶと共に、それをアイデア発想法の実践につながられる、いわば、一石二鳥の学習となる。

　そのためには、私だけが、テーマ群を創るのではなく、誰でも学習すれば、テーマ群をつくる活動ができるようにしていく。これも、オープンプロセスリレーションを実現するための活動の1つとなる。

　また、アイデア発想法との組み合わせだけでなく、問題解決プロセスとの組み合わせも非常に大きな可能性を秘めているので、そちらの活動も進めていきたい。

社会学とアイデア発想法を組み合わせの取り組みの例

　社会科学の各学問とアイデア発想法を組み合わせるとは、具体的には、どういうことだろうか？　各学問の中から、アイデアを出すテーマを抽出するということがスタートとなるだろう。今回は、社会学で行ったが、他の諸社会科学でも似たような取り組みができると思う。

　それでは、社会学の入門系の書籍から、ざっと抽出したテーマを列挙してみる。

・個人と社会の相互作用の観点から、アイデア発想法の実践はいかにあるべきか？

・個人が社会によりよい影響を与えやすくするには？

・今後、個人と社会の関係はどう変化していくべきか？

・官僚制の弊害を打破するにはどうすればよいか？

　このような問いに、学問的に答えていく方法もある。それとは別に、アイデア発想法的に、つまり、エビデンスも何も求めず、思いついたことを述べていき、その中からよいものを探すという行い方もあり、どちらも大事だ。そして、後者はほとんど世の中で行われていないので、行う価値が相対的に非常に高い。上記のテーマのままだと、あまりにも抽象度が高すぎるので、例えば、次のようなテーマにしてみる。

・SDGs 目標 1「貧困をなくそう」を達成するために、官僚制の弊
　害をどのように打破していけばよいだろうか？

　ここでは、官僚制が抽象概念になっているので、○○の官僚制の弊害とすれば、より具体的なアイデアに繋げていくことができる。このようにテーマにおけるそれぞれの単語の具体度をうまく調整すること（修飾語で限定したりなど）で、より効果的なアイデアに繋がりやすくなるだろう。

第4章

新規事業アイデアを生む
プロセスとその実践例

1 アイデアスクリーニング

10個の業界×業界の組合わせでやってみると

アイデアスクリーニングは、まず、掛け合わせたら、新しいものが生まれそうな、2つのリストを用意する。2つは同じものでも大丈夫である。そして、Excelなどで、そのリストを縦軸と横軸に配置して、表をつくる。

そして、その掛け合わせの1マス1マスに思いついたことを、記載していく。

そして、その中で、特に、面白いことを思いついたアイデアを更に深堀りしていくというものある。

今回は、アイデアスクリーニングを、業界×業界でやってみたので、そこで得た洞察を、共有してみる。今回は、試しに、10個の業界同士を組み合わせてやってみた。

10個の業界とは、①出版、②人材、③ゲーム、④建設・設備、⑤介護、⑥学術研究・専門・技術サービス、⑦製造、⑧運輸、⑨エ

〔図表3 業界×業界の組み合わせでやってみた例〕

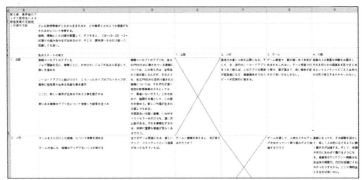

ネルギー供給、⑩情報・通信である。

　やってみた結果は、かなり疲れた。当たり前だが、45マスを埋めるということが、そもそも凄い大変だ。思いつきベースで書き込んでいるので、全部記載するのは控えるが、特に重要そうな思いつきだけ、記載したいと思う。

①出版×学術研究、専門・技術サービス

　論文の有効活用、のためのサービスという観点で新しい取り組みができそうな気がする。

　論文と事業を繋ぐプラットフォームができれば、事業の創出がより一層加速化するだろう。

②人材×ゲーム

　ゲームを通して、人材のスキルアップをはかっていく取り組みがより加速するだろう。

③人材×介護

　高齢になっても、その経験を活かして、楽しく人の役に立てるように働く働き方が加速する。そして、体調や体力にあわせて働けるようになる。高齢者のITリテラシー構築は社会全体の課題だ。ZOOM会議に入れなかったりするから、ここに補助金とか出せばいいのに。

④人材×建設、設備

　○○業界の人が、別の仕事にも関わることで、徐々に他の業界でも活躍できるような、業界特化型の、スキルアップサポートということも、今後出てくるだろう。

⑤人材×製造

　ある業務を行っている人向けにカスタマイズした学習・トレーニングを1日30分とか1時間で提供して、その学習で、別の領域の業務を行えるようにする。ある業務が別の場所で創発的に役立つ内

容にして、働いている会社にも、本人にも、プラスになるサービスがあればいっきに拡がりそう。

⑥人材×運輸

AIによって、不要になる仕事がこれから沢山でる。そういう意味では、その人達のスキル・経験をいかに尊重して別のことで活躍してもらえるか、その場を準備、また、その人を教育してアップデートしてもらえる場をつくるか、が社会全体の重要な課題になってくる。

⑦人材×学術研究、専門・技術サービス

学術の世界は、かなりエキサイティング。この世界に、専門で入らなくても、副業的な形で参加できる仕組みがあったら凄く面白そうだから、私も入りたい。副業で学術研究というのはかなりインパクトがあるし、既存の概念をかなり壊すことに繋がりそうだ。これを、専門でやっている人にもWIN−WINな形で実現できれば、いっきに拡がりそうだ。

⑧ゲーム×介護

お年寄りでも楽しめるゲームを開発したら、かなり需要がある。そして、それが、社会貢献にも繋がればなおのこと面白い。どんなゲームだろう。これは、高齢の方に参加していただいてブレストなどを行う必要があるかもしれない。その当時、流行したものをうまく展開する必要があるだろう。

⑨ゲーム×建設、設備

色々なゲームを遊べるスペースを開発できたら、それは流行しそう。現状はほとんどの場所が、サッカー場はサッカーしかできなかったり、野球場は野球しかできなかったりする。身近に、色々な層の人が楽しめる場があるっていうのは、社会にとって、とても大事だ。

⑩建設、設備×２、人材

人と人、組織と組織の関係を構築する、ということを、建設とか

設備、の観点でアナロジーして考えてみると面白いかもしれない。そういったこと、組織と組織の協力関係を、創発的に SDGs の達成などに向けて実現するのに特化した人材というのが、今後、とにかく沢山必要になってくるだろう。

2　アイデアを生み出す、"総当たり"と"ランダム"の考察

総当り法

　例えば、AI の活用方法について、業界×社会問題で組み合わせてみるとする。

　おおざっぱに業界が 20、社会問題を 20 ピックアップしたとすると、200 の組み合わせが生まれる。※前後は考えないので÷2する。

　この 200 個についてすべて考えるのは、かなり大変だ。

　ただ、大変ではあるが、価値がないわけではない。

　それに対して、200 個のうちの 1 つをランダムに表示するようにすれば、ランダムに表示した回数分、その組み合わせについて考えることができる。

　それぞれ、有効な方法ではある。

3 つの要素を組み合わせると組み合わせ数が爆発する

　ただ、これが、3 つの要素の組み合わせとしたときには、総当たりはかなり難しくなる。

　例えば、先程は、業界×社会問題で考察したが、もう 1 つ要素を加えて、

　業界×社会問題×都道府県

としてみよう。

その際には、200 × 47 ÷ 2 ＝ 4700
という膨大な数になる。

ここまで、膨大な数になると、総当たりをする人はほぼいないと思う。

4700 項目に対して、1 項目 1 分考えると、4700 分、約 77 時間が掛かります。

4700 項目について考えるのは、勿論、1 人ではできないが、例えば、100 人で分担して行えば、1 人 47 個を考えればすむ。その意味で、マスソリューション業界の主催で、このような、1 人では検討しきれない要素の検討を、大勢の人数で行う、というのは 1 つのトレンドとなる可能性がある。

3　各テクノロジーの概要、それにともなう、それぞれのアイデアの考察

取り上げるテクノロジーは 5 つ

今後の社会の変化の中で、様々なテクノロジーが様々なアイデアで社会に実装されていくことは間違いない。そこで、ここでは、各テクノロジーの概要を述べ、それらのテクノロジーにどのようなアイデアが掛け合わされていくか、関係ない要素と組み合わせて思いついたことを元に考察してみる。

取り上げるテクノロジーは、AI、ブロックチェーン、IoT、AR・VR、ドローンの 5 つである。

AI 技術をアイデア発想法から考察

AI を活用する目的、それは、人間が決めなければならない。

　AIを何に活用するか、何の目的に使うか?

　それ自体のアイデアを出す必要がある。

　そうしなければ、他でああいう目的でやっているから、うちでやった場合にどうすればいいか?　という後追いでしか使えなくなるのである。その意味で、アイデア発想法的に、候補を沢山出す際に、目的自体を可変的なものと捉える必要がある。もう一度、書くが、目的自体を可変的なものと捉える必要がある。では、目的自体を可変的なものと捉えるとはどういうことか?　論理思考になれた頭だと、これに対応するのに苦労する。

目的を可変的なものと捉える例

　どういうことか例を通して、説明してみよう。

　例えば、「AIで会社の●●という商品の販売量を増やすには?」というテーマでアイデアを出していったときに、こんなアイデアが出てきたら、あなたなら、どうするだろうか?「●●という商品をお客さん同士でシェアしてもらえるようにする」

　「そんなことしたら、販売量が逆に減ってしまうのでは?」という疑問が湧くかもしれない。

　このアイデアを出した人の中では、目的が変換されている可能性がある。

　最初のテーマの目的は、「販売量を増やすこと」でアイデアを出した人の実際のテーマは、「使ってもらうお客さんを増やすこと」である。

　このように、テーマから受ける実際的な目的の捉え方が変わることは、アイデアを沢山出す中で、非常によく起こる。この際に、当初の目的から外れているから、ということで、候補から外してしまっては勿体ない。

その意味でアイデア発想法でのアイデア出しは、本来的に、目的自体をアップデートしていく意味合いがあるのだが、こういった行動方針は、新しいテクノロジー、そもそも何に使うのか自体を考える必要の度合いの高いものを考える際には非常に重要である。

このように、当初の目的を可変的に捉えることが、テクノロジーの活用のアイデアを出すときには、非常に重要である。

AIを使う過程を考えるときの要素を分解してみると、おおよそ、下記のようになるだろう。

それぞれに、アイデア発想法的にアイデアを出していく。それらを組み合わせていけば、無数の候補ができる。その中から、選択して実行するという流れになると思う。

AIの活用を考える際の3つの要素

要素①　どのように、何のデータを取るか？（HOWとWHAT）

AIはデータがなければつくれない。どんなデータを取るか？でそれをどう活用するかがおおよそ決まってくる。その際は、今、現在、どのようなデータの取られ方をしているか？　を知っていくことも大事だが、そこに意識を引っ張られすぎると、他の可能性を見落とすので注意が必要である。

要素②　そのデータを何のために、どのように使うか？（FOR WHAT、HOW）

冒頭申し上げた通り、何のために使うかを考えねばならない。何のためにを決めれば、どのように使うか、が決まってくると思うが、ここで注意してもらいたいのは、逆もありえるということである。

何のためか決まって、どのように使うかが決まった、その後に、それをどのように使うか、を他の目的に転用できる場合である。

AIでは、そのようなことが起こりやすいので、隣接分野などで

利益に繋げやすいということである。

要素③　誰に、どこで、いつ、使ってもらうか？

　要素②が決まった時点で、ほぼイメージがある場合がほとんどだと思うが、そこから、更に、発想を拡げれば、様々な他の可能性が見えてくる場合も多いだろう。

　では、例として、関係ないものから発想して、アイデアを出してみよう。

"AI活用"と"ランダムに選んだ関係ないもの"とを組み合わせて出てきたアイデアの例

① AI活用×ロボット工学

　ロボットを誰でもつくれるように、AIがサポートする。

　学習サポートは、色々な分野でAIが活躍し始めるだろうが、どうやってサポートするかは、これから研究が進んでいくだろう。

② AI活用×トナカイ

　プレゼントをAIがオススメしてくれる世の中になりそうだ。

　AIがオススメするという点を、もっと、社会貢献的な方向で活用すると、SDGsの達成などが実現するかもしれない。

　提案をAIに任せることで、SDGsの達成が実現する、という観点で、SDGsの17個の目標について考察してみよう。

③ AI活用×カートリッジ

　取り替え時期を、AIが予測して、交換を事前に行って、修理費を削減するというのは、もう始まっていると思う。AIで予測を行う、をもっと想像的に使えないだろうか？

　例えば、8年後、2030年に、世界で安全な水にアクセスできない人がいなくなると仮定したときに、どのような順序で、それが成し遂げられるかをAIに解析してもらう、というのはどうだろう。

到達点は、人間が決めて、過程を AI が構想するというのは、いい方向性な気がする。

　AI が構想する際、今までのデータを元にすることで、そのプロセスに説得力が増すし、どの程度のイノベーションを起こさなければいけないかの指標にもなりそう。恐らく、程度は示せても、どのようには人間が考えないといけないであろうことがポイントだ。抽象度をあげて捉えると、考えることのサポートも AI が行い始めるということになる。

④ AI 活用×交差点

　交通事故の防止に、AI が活用されるのは、既に決まっていると思うが、あらゆる事故の防止と考えると活用範囲が飛躍的に拡がる。

　また、事故を " 期待された好ましい状況ではない状況 " と捉えると、あらゆる事象に応用できる。人と人との関係、人と組織の関係、組織と組織の関係、と考えると応用範囲は、無限に拡がっていく。夫婦の関係に AI がアドバイスする時代も来るだろう。

⑤ AI 活用×休暇

　労働の効率化にも、AI が活用される。どの程度の時間、働くのが効率的なのか、なども見える化されていくだろう。

NFT 技術をアイデア発想法から考察

　NFT 自体の理解がまだ、怪しいのですが、多分、これからのテクノロジーが発達する中で，このように、理解が怪しい段階になってしまうことが多くなると思う。仕組みは、完全には理解ができないけど、多分、こうやったら、こうなるだろうというように。そこらへんは、専門の人と相談しながら、というざっくりした方向性を持てる人がより重要になってくるだろう。

　NFT については、デジタルなものに、それそのもの 1 つのもの

としての価値がもたらされるようにする技術と認識している。世界に1つしかない、デジタルのトレーディングカートというものが生まれる。そして、そのモノの所有権を創った人が、ずっと保持できるということらしい。

　例えば、今の紙の書籍は、売ったらそれで、売ったほうの収入は終了で、それが中古で売られたときは、元の売り手に収益は入らない。それが、NFTになれば、転売されたときも、元の人の収益にもできるということだ。

NFTのもたらす変化

　これによって、どのように社会が変わるだろうか？　私は、アイデア自体に価値がつくのではないかと思っている。著作権の概念も変わってくるだろう。アイデアを借りたことで、真似たことで、成功した際に、成功報酬として、収益の一部を真似させてもらった人に返すというような仕組みだ。

　それでは、その大元のオリジナリティをどう保証するかという課題があるのだが、そこらへんの答えは、まだ出ていない。ただ、何となくはイメージがあるので、具体的にできたら、公開したいと思う。

NFTの特徴

　話を元に戻すと、NFTには、おおよそ次の2点の特徴がある。
①世界に1つしかないデジタルデータを生み出せる（1つでなくとも、指定した数にできる）
②所有権を製作者が保持できる
　この2点から、何が生まれるかをイメージしてアイデアを出す。
　答えがないから、アイデアを出すしかないのである。AIと一緒で、どこかがやっていることを真似するだけでよいなら、アイデア

を出す必要はないかもしれないが、真似する時点であまり旨味がなくなっていることも多いだろうし、困難な課題が山積している中では、解決されるべき問題が沢山待っているはずである。

　では、具体的に、どのように、そのようなアイデアを得ればよいかといえば、既存のアイデア発想法でもいいし、この書籍の中に書いてあることでもいいし、とにかくやってみることである。

　今回は、NFT の特徴の１つである、①世界に１つしかないデジタルデータを生み出せる、という特徴からアイデアを出してみる。ゲームをすることでお金がもらえる、というような従来の常識の逆をいくようなことが実現する世の中なので、常識の枷を外して出てきたアイデアが意外とすんなり実現する、なんていうことが今後、多発していくだろう。

　AI のアイデアのときと同じく、ランダムに選んだ関係ないものと組み合わせてアイデアを出していく。

NFT の特徴、"世界に１つしかないデジタルデータを生み出せる"と"ランダムに選んだ関係ないもの"とを組み合わせて出てきたアイデアの例

①世界に１つしかないデジタルデータを生み出せる×とびうお

　動く NFT 作品が誕生する。そして、デジタルデータが動くことにより、新たな価値が生まれる。

②世界に１つしかないデジタルデータを生み出せる×インデックス

　株への投資、の前に、企画への投資を、株への投資と同じようにできる。

　その企画が、成功するように応援もできる仕組みが、NFT によって実現する。

③世界に１つしかないデジタルデータを生み出せる×燃料

　どんな燃料で生まれたエネルギーなのか、見える化が行われて、今、使っているエネルギーは太陽光だ、今、使っているエネルギーは火力だみたいにわかるようになる。

④世界に1つしかないデジタルデータを生み出せる×砂遊び

　枠だけ NFT, 中身は、個別に入力、みたいな現象が起きる。そうすると、何が起きるだろうか？

⑤世界に1つしかないデジタルデータを生み出せる×鍬

　何かの体験を NFT 化するということが起こりそう。

　誰かと誰かの写真が NFT になると何が起こるだろう。

　個別の体験、がより重視されることに繋がるだろうか？

　それをよりいい方向に活用するには？

⑥世界に1つしかないデジタルデータを生み出せる×上流

　設計書が、NFT 化されるとどうなるだろうか？

　設計書を買って、一部修正して、また、NFT 化して売るみたいなことが起こるかもしれない。

　そうすると嬉しいのは誰だろう？

　何かが、飛躍的に効率化される予感がするのだが、何が起こるだろう？

　そのうち、見る人も PC が監視して、特定の個人しか見れなくなるということも実現しそうな気がする。

　今なら、PC で認証しても、隣から覗き込めば、いくらでも見れるのだが、それができない仕組みが開発されれば、特定の人にしか周知できない仕組みができる。

　私が、考えた、オープンプロセスリレーションとは真逆の方向だけど、こういったことを織り込むことで、オープンプロセスリレーションがうまく機能するようになるということもあり得るかもしれない。

DeFi（分散型金融プラットフォーム）の可能性

私も使っているが、凄い色々な種類が出てきている。

こちらも、今は、ゲームなどと連結しているケースが多いが、真面目な系統と連結することで、更に色々な価値を生むのではないかと思っている。また、クラウドファンディングのような仕組みとも連携して、より、挑戦を応援しやすい社会の構築にも貢献するのではないかと思っている。冷静に考えれば、今の金融の仕組みは非常に非合理的なので、どんどん変化が起きるであろうと思われる。

それでは、ここでも、関係ないものと組み合わせてアイデアを出してみよう。

DeFiの特徴、"分散して管理すること"と"ランダムに選んだ関係ないもの"とを組み合わせて出てきたアイデアの例

①分散すること×潮流

社会をよくしようとする流れに、分散型金融で乗りやすくできないだろうか？

例えば、SDGsの169の少目標を目指すプロジェクトを、それぞれの169のスペースに配置して、そこに、応援したい人が投資していくような仕組みができるのではないか？

こういった取り組みは、中央集権だと、忖度が入りやすいが、分散型の機能をうまく活用すればよいものができるかもしれない。

また、169を更に細分化していくこともできるだろう。

目的中心型金融とでも言うべき、分野が立ち上がるかもしれない。

②分散すること×だんご

分散型金融の場、DeFiが2つ以上組み合わさることで何かが起きないか？

1人が、1つのDeFiのようなものを持つということも考えられ

る？

　DeFi のようなものに、自分が実現したいことを表明して、有機的に色々な人と繋がりを創ってくれる機能？

　そのようなことをほとんど誰もが行う社会になったら、どのようなことが起こるであろうか？

　また、分散ということによって、プロジェクトを始めることが誰にでもできるようになる。

　そのような、プロジェクトを立ち上げる支援アプリのような機能の充実もなされていくかもしれない。

③分散すること×ステレオ

　社会貢献の尺度が、ある程度以上の納得感で一般化されることで、未来に向けての投資に集中しやすくなる状況をつくれるかもしれない。

　音楽を聞くように、社会貢献のプロジェクトの話しなどを聞くのが一般化することで、社会的な関心がより多く集まるようになり、資金も人材もより集中する方向に行くのではないか？

④分散すること×税務署

　寄付の形態も変わるのでは。お金を出すだけでなく、知識と経験と能力を創発的に活用して貢献する仕組みづくりが求められる。

⑤分散すること×バルブ

　お金を別のものに置き換えて考えると新しい発想が出てくる。分散型金融→分散型水道。

　分散型水道ってどんなものだろう。国が行うようなインフラ整備は、お金が掛かる。そうであれば、出口で安全を保証する仕組みができれば、途中までを繋ぐ水道管は、ある程度のもので大丈夫になるはず。その意味で、途中の経路を分散的に、つくれるところからつくるという取り組みが求められているかもしれない。

IoT の可能性

　モノがインターネット経由で通信することだ。あらゆるものに、インターネットの通信機能が付与され、通信することで価値を生むようになる。

　何に繋ぐか、何のために繋ぐか、など考える上で、可変的な部分が沢山あるので、可能性は無限大だが、アイデア発想法がなければ、他でうまくいったことを真似ることしかできない。

"機能が形式を生む" と "形式が機能を生む"

　他のテクノロジーについてのアイデアを考えるときにも、同じように重要だが、大事なのは、「機能が形式を生む」、そして、逆に「形式が機能を生む」の両方があるということだ。

　両方を考えるとは、例えば、機械が故障してしまうのを防ぐために（機能）、機械に通信器を取り付けよう（形式）。逆に、この機械に通信機能を持たせたら（形式）、何ができるだろうか？（機能）というように考えることである。

　どちらが、より新しいものを生み出しやすいか、というと後者だと思う。理由は、単純で、目的よりもモノのほうが見つけやすいからである。例えば、「実現して嬉しいことを 100 個あげてください」というのと「何でもよいのでモノを 100 個あげてください」というのでは圧倒的に後者のほうが、簡単だろう。

　あらゆるものにインターネットが繋がる時代の流れであるから、これにインターネットが繋がったらどんな価値が生まれるだろうか？　そのような方向性で発想するのは、ここしばらく、3 年位は非常に価値の高い問いになるだろう。

　それでは、これまでと同じく、関係ないものと組み合わせて発想してみる。

"IoTの活用"と"ランダムに選んだ関係ないもの"とを組み合わせて出てきたアイデアの例

① IoTの活用×レジ

　貨幣自体がインターネットに繋がる、っていうのはありえるかなー。

　そして、見える化された場合、誰がいくら所有しているかが、一目で見れるようになる。

　これは、本人の同意があればできることなんだろうが、これで嬉しいのは誰かいるだろうか？

② IoTの活用×埃

　ゴミになってしまうものに、インターネットが繋がる。これは、実装が安くなればありうる未来だ。

　ゴミになってしまうものが接続されると何が起こるだろうか？

　それは、誰が買って、どのような経路で廃棄されるかが見える化されるようになるかもしれない。

　そうすると、モノをより大事に使おうとする人が増えるのかもしれない。

③ IoTの活用×蔓

　植物にIoTを実装するとどうなるか？

　二酸化炭素の吸収率を計算してくれるのかも。

　世界中の植物に装着して、二酸化炭素吸収量を計測したら、厳密に、世界で排出してよい二酸化炭素量が割り出せるのかもしれない。世界中の植物に装着しては、無理な気がするけど、衛生画像とかで、既に似たことはできそうだな。

④ IoTの活用×図書館

　図書館はなくなるだろうか？

　コンピュータがどれだけ発達してもなくならない気がするが、進

化はするだろう。

本に、IoT が接続するようになる気がする。

それで、何が起こるか？

読んだ本の内容を活用しやすくなる気がする。

本のここの部分を取り込んで、みたいなことが簡単にできるような、そんなセンサー技術が発展するのではないかと思う。

⑤ IoT の活用×わさび

辛味のようなパラメーターを表示するための IOT という仕組みができるかも。

調味料をどの位使ったか、調味料を入れる道具が計測してくれて、食べる量のバランスとかをアドバイスしてくれるかも。

AR・VR

VR アーティストを知っているだろうか？

VR メガネをつけて、仮想空間の中で立体的な制作物を創るアーティストになる。

そのような、仮想空間で立体物を創るという行動は、非常に可能性を感じる。

どんなことに応用可能だろうか？

考察してみよう。

VR の活用とランダムに選んだ関係ないものとを組み合わせてできたアイデアの例

① VR の活用×チョコレート

ケーキづくりを、仮想空間で教える。

仮想空間で何か教えるというのが、今後流行することが予想される。

ということは、この空間での教え方をうまく確立できる人が有利になるだろう。

② VR の活用×漫才

仮想空間で漫才を行えるようになる。これによって、国を越えて、笑いを追求する新しい場が生まれる。

③ VR の活用×ネオン

色々な人が協力して、制作物を創るという場が仮想空間の中で生まれるだろう。

色々な人が協力する場になるというのが大事だ。

④ VR の活用×プリン

触覚を感じられる空間というのは可能になるのだろうか？

そのとき、何が起こるだろうか？

⑤ VR の活用×辞書

辞書から、選んで、その対象物を仮想空間で観察できるようになるだろう。

そうすると何が起こるだろうか？

RPA の可能性

事務作業をロボットが自働で行ってくれるサービス。

ロボットを自分で組み立てることができる。このロボットを組み立てる、をなるべく簡単にできるように、色々なサービスが競争中だ。

手書き文字をデジタルデータに変換できる機能も進歩しているので、手書き文字を、人間が手でタイピングし直す必要がだんだんなくなってくるだろう。

このロボットを自作できるというところに注目してアイデアを出してみよう。

RPAの特徴、"ロボットを自作できること"と"ランダムに選んだ関係ないもの"とを組み合わせて出てきたアイデアの例

①ロボットを自作できること×フットサル

　スポーツ分野にRPAの考え方をどう応用できるだろうか？

　例えば、野球だとわかりやすく、AIを搭載した、ピッチングマシーンはすぐにできそう。サッカーでは、パス練習の相手になってくれるロボットがいたら個人的に欲しいドリブル練習の相手になってくれるロボットも。かなり手強そうだが。

　このように、練習の相手になってくれるロボット、というのは、かなり可能性が拡がりそうだ。

　試合の分析をして、どんな練習をしたらよいかアドバイスをくれるロボットなども実現したら面白そう。

②ロボットを自作できること×トナカイ

　質問ロボット。これは、もうすぐにでもできそうだが、自問自答をサポートしてくれるロボットがあったら、面白い。それによって、使用した人の思考力が飛躍的に高まる、ということが起こるかもしれない。

　質問ロボットが2体、全然違う傾向組み合わせをしてもいいかもしれない。

③ロボットを自作できること×コブラ

　危険地帯を探索するロボット。地震の時に活躍するロボットというのが、既にあると思うが、他にも色々活用できそう。何かの計画を立てたときに、先回りして、うまくいかなさそうなポイントを指摘してくれるロボットなんかが誕生するかもしれない。

④ロボットを自作できること×裁判所

　ロボットが判定をくだすようになるだろうか？　未来では？

　人間関係がどんどん多様になってきて、色々な人がより協力する時代にこれからなっていくと思うので、万が一のときは、お互いに不利益が生じないように、ロボットが仲裁してくれるサービスがあったら、より気軽に、多くの人と協力関係を結べるようになるのかもしれない。

　その意味で、より広く捉えると、万が一のときは、仲裁機能もしてくれる、協力促進ロボット、みたいなものができると嬉しいかも。

　この考え方は、色々なところに応用ができそうだ。

⑤ロボットを自作できること×火山

　アイデアを実行に移すサポートをしてくれるロボットがあるといい。

　最初は、人間の手でプログラムして、段々データが蓄積していったら、AIの力も借りる。

　そのように段々性能を上げていくことができるのではないか？

ドローンの可能性

　今まで、空中で運べなかったものが運べるようになることで色々な変化が起こるだろう。

　色々なことの効率化に繋がりそうだ。あまり重いものを運べるイメージはないのだが、これもどこかでブレークスルーが起こりそうな気がする。

"ドローンの活用"と"ランダムに選んだ関係ないもの"とを組み合わせて出てきたアイデアの例

①ドローンの活用×建築

　ドローンがつくる軽い建物、というのが流行する気がする。

　生活空間を軽い建築物でつくる、というのは、現状すぐにイメー

ジしづらいが、建物の素材を軽くするというのは、大きなブレークスルーになりうる。まず、素材が軽ければ、地震がきて、倒壊しても、人に、危険が及ばない。現在は、なんでも固く崩れないようにすることで対応しているが、結局、コストも掛かるし、より大きな地震がきてしまえば、対応が難しい。

　そう考えると、すべてが軽くなって、倒壊してもダメージがほとんどない状況がつくれれば、コストも飛躍的に安くなり、環境にも優しくなる。ただ、2階以上がつくれないので、そこは考えないといけない。

②ドローンの活用×牧場

　自然の見回りなどをドローンが行うようになるのだろうか？

　見回りをドローンが行うというのは、非常に色々可能性がありそうだ。

　ネガティブなイメージだと、監視社会ということになるが、見られていることで、お互いに安心できる空間というのもあるかもしれない。

③ドローンの活用×ほうれん草

　ドローンで、野菜、食糧を運ぶ。これは、もう始まっていたと思われる。これをもっと広く活用して、食糧格差の問題が解消していくかもしれない。

　輸送コストが飛躍的に下がれば、勿体なくも捨ててしまう食糧を活かせる可能性がある。

　この問題にドローンが何か応用できないだろうか？

　自然にも人間にも嬉しい形でできることが何かありそうな気がする。

④ドローンの活用×葉巻

　ドローンによる、物々交換。ドローンが手軽になって、ある地点からある地点まで、指定したら物を気軽に運んでくれるようになれば、個人から個人へのものの運搬が行われるようになるだろう。

　それを機会に新しいビジネスチャンスが生まれる気がする。

⑤ドローンの活用×刑事ドラマ

　ドローンが主人公のドラマなんてあったら面白い。

　ドローンだと、人間じゃないので、ドローンから、映像を見ながら、色々なことをする人間のドラマっていうことになるだろうか？

　法律的に、まだ、難しいのかもしれないが。

様々なテクノロジーの活用法のアイデアを出してみた感想

　以上、どうだっただろうか？

　このように、ランダムな物事を選んで、組み合わせて考察することで、普段考えたことがないことを考え始められることが伝わったのではないかと思う。勿論、これはきっかけなので、ここに記述したことを元に、更に考察をしていく必要があるのは言うまでもないが、未来への可能性のタネが沢山生まれたと感じる。

　このように、テクノロジーというのは、それ自体、未来の可能性を含んでいるので、そこに対してアイデアを出すというのは、未来をよく変化させていくのに、とても役立つ。是非、読者の方も、SDGsの達成のために実践してみてほしい。

テクノロジーと思いやり

　今回書いた内容は、可能性としては、数年後には実現できるものがほとんどなのではないかと思う。そう考えると、やはり優先順位を決めるべきだろう。凄く困っている人を助ける、将来の致命的なダメージを回避するのを優先するという思考を社会的コンセンサスにしていく必要がある。地球人として、全体観により立脚する必要がある。

　また、テクノロジーによる副作用の対応をミンナで知恵を出し合っ

て考える必要がある。テクノロジーによって、売上が凄く上がったら、売る側も買う側もそれでよい、という図式は通用しない時代だ。

　具体的には、『人新生の「資本論」』に書いてあるような、電気自動車の負荷の外部化のような状況の解決に知恵を使わねばならない。電気自動車の負荷の外部化というのは、電気自動車自体はエコであるが、その燃料のリチウムの採掘が非常に環境に悪いということで、自動車自体が起こす環境への悪影響が、リチウムの採掘という外部に移ったことを指す。『人新生の「資本論」』によると、このような外部化は、3つの種類がある。技術的、空間的、時間的の3つである。

　このような、外部化を社会全体で把握して、解決策を考える、事前に予防するために、知恵を出し合っていく。そのような防止策、解決策が、公開され、それに対して企業が対応していく。このような取り組みを経済合理性とうまくマッチさせて実現する必要がある。

　また、"他者への思いやり"をどのように育んでいくかという点にも、非常に注目する必要がある。人間の感情は縁に触れて時々刻々と変わっていく。その意味で、他者への思いやりを持ちやすい縁に触れた後で、チームで話し合うというのが非常に重要である。

　例えば、社会問題を扱った社会派ドキュメントをチームで視聴した後に、その問題について話し合う。そのような場を増やしていくことで、利他的なテクノロジーの活用を促進していけるはずだ。この点、非常に重要で、このような環境を意図的にデザインしないと、人間は利己的な追求に傾きがちである。

　その意味で、各人が1つの分野だけを追求するのではなく、様々な社会問題について、チームの一員となって、シナジー効果を出しながら解決を模索するような仕組みの普及が求められている。

第 5 章

複数事業アイデア創出法の
紹介と実践例

これから、新規事業が爆発的に増える時代にあっては、1回の考察で1つの事業が生まれるのでは、足りなくなる。また、1つの大きな課題を解決するには、複数の事業が連携していく必要性が求められる。

そのようなダイナミックな複数事業を立ち上げるような考え方は、今までは、ごく一部、グループ会社の経営陣位だったが、今後、オープンプロセスリレーションが現実化すると、より多くの人に、そのようなダイナミックな考え方が求められる。

また、SDGsを達成するには、より多くの人が主体的に参加するプロジェクトを飛躍的に増やしていく必要がある。

そこで、今回はそのような手法を、現在からと、未来からという2つの観点で実践例と共に紹介する。

1　複数事業創出法①、課題分析後創出法

課題分析法のプロセス

課題分析法とは、次のような手順で行う。

まず、解決したい社会の課題を決める。

①　その解決を妨げる要因、その課題が発生する要因をロジックツリー状に、下に分解していく。

②　それぞれの要因の解決のアイデアを出す。

③　それぞれの解決のアイデアの1つひとつを事業化できないか検討する。

課題分析法の実践例

私のほうで、「SDGs目標6. 安全な水とトイレを世界中に」で、課題分析を行ってみた結果が図表4の通りである。

〔図表4　「SDGs目標6.安全な水とトイレを世界中に」課題分析の結果〕

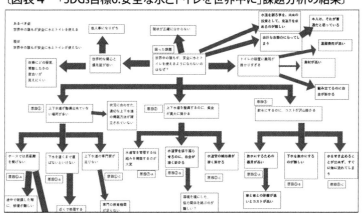

　以上のように、原因を分析して、それぞれの原因から、アイデアを出してみましたので、1つひとつ考察してみます。

安全な水とトイレを世界中に、を妨げる原因と対策のアイデア

原因①長距離を繋ぐ水道管をつくるコストが高い

対策のアイデア①

・長距離をできるだけ低コストで繋げられる素材の開発

・破損に強い仕組み。AIでの監視など

・分散型管理でコストを安く

　水道設備を考えたとき、日本のような上下水道をつくるには、物凄いお金が掛かるであろうことは想像に固くない。現在金属で繋いでいる水道管が別の素材で可能になったらと考えてみると可能性がありそうだ。ただ、途中の綺麗さを担保すると難しいので、例えば、出口にのみ浄水器をつけて、途中はおおまかな基準を担保できればよいとすると、いっきにコストが下がりそうな気がする。

そして、途中途中のメンテナンスを分散型で協力して行うようにできるのではないか。

原因②トイレの衛生面を保つのにコストがかかり過ぎる

対策のアイデア②

・トイレの処理を、その場でスマートに、そして、肥料化できる仕組みの開発

・それを格安で構築できるようにする

　トイレの処理を、下水管を使って行うというのは、かなり効率が悪い。

　その場で肥料化して、最低限の人力の運搬ができれば、一番嬉しいだろう。

　衛生面と臭いの処理については、バイオテクノロジーが使えるのではないか？

　また、排泄物の処理については、人力で、テコの原理で、時々、蓄積場所を変えるなどする、そして、蓄積が一定程度溜まって、肥料化された際は、それを台車のようなもので運搬する。そんな仕組みがつくれるのではないかと思う。

原因③上下水道の管理に莫大なコストがかかる

対策のアイデア③

・分散型管理でコストを安く抑える

　これは、分散型金融の仕組みを応用するとできるのかもしれない。

　スマホで、毎日、チェックをする人を増やす。漏れていたら、直しにいくようにする。

　途中途中でためておけるようにすれば、急に水がなくなって困ることがないようにできる。

　水によって争いが起こってしまうことがないように、仕組みを構築する必要がある。

生活に直結するので、それらは今までの常識で考えると難しかったが、そういったことが、仕組みにより実現する可能性はありそうな気がする。

原因④水を飲料水にするのにコストが掛かる

対策のアイデア④

・水を濾過して飲めるようにする製品の輸出入の促進

　水を綺麗にして飲めるようにする仕組みは様々あると思う。それを誰もが創れるようにして、輸出することができるようになり、見返りとして、様々なリターンが期待できる仕組みをつくる。

　以上のように、勿論、実現可能かの検討は必要だが、課題を要素に分解して、それぞれの解決策のアイデアを出すことで、それぞれが事業として成立する可能性があることを示せた。このように、ダイナミックな視点で、解決策を考えることで、多くの画期的な新規事業が続々と生まれることが期待される。

課題分析と様々な要素を組み合わせることの可能性

　今回は、課題の分解→アイデアという流れだったが、これを様々な要素と組み合わせて考えることで、より実現可能性が高まる。

　1つは、テクノロジー。

　既にAIの活用やブロックチェーンのDeFiの要素がアイデアとして組み込まれているが、他にも、可能性があるものがないかを探す必要がある。

　課題の分解→テクノロジー探索→アイデアという流れだ。

　例えば、既存書籍などの例を抽出して、それらと組み合わせて発想してよいアイデアを探すなどを行う。例としては、日経の『新型コロナに立ち向かう100の技術』のように、最新事例がリスト化されている書籍の各事例とクロスして考える。

少しわかりづらいと思うので、補足する。課題を分析して、個々の要素が出てきた後で、それぞれに、様々なリストをクロスして考えるということである。

様々なリストとは、例えば、オズボーンのチェックリスト、TRIZ、大前研一さんの著作『発想力：「0から1」を生み出す15の方法』、太刀川英輔さんの『進化思考──生き残るコンセプトをつくる「変異と適応」』、や、本論で行った業界とのクロスなど。それこそ、クロスできるものは無数にある。

このような取り組みを行いやすいPCアプリが期待される。Excelなどでもできるのであるが、よりそのような行動に特化したようなPCアプリがあると、より取り組みが捗るだろうと思う。

2 複数事業創出法②、未来逆算法

未来逆算法のプロセス

課題分析後創出法が現在から考えたのに対して、こちらは未来から逆算する。手順としては次の通りである。

① ある課題が解決した状態を設定する。

具体的には、SDGsの17の目標が2030年に達成された状態など。

② その達成に至るプロセスを想定して、現在まで繋げていく。

※プロセスは複数あってもよいし、各段階の数は任意とする。イメージとしては、3以上のプロセスをつくったほうが、新しい考えを生みやすい。

③ 各プロセスの段階を見て、それぞれを実現するためのアイデアを考える。

④ それぞれのアイデアが、事業化できないかを検討する。

未来逆算法の実践例

　実際にやってみた例が図表5の通りである。

〔図表5　未来逆算法の実践例〕

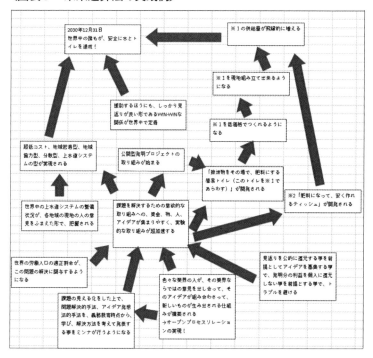

　ここまで、達成までのイメージができたら、次は各プロセスの途中途中を実現するためのアイデアを出していきます。

　それでは、5個をテーマに5個ずつアイデアを出していきたいと思います。

未来逆算法からの5つのテーマとアイデア

テーマ①

　公開型発明型プロジェクトの取り組みが始まる。

・途中で誰かにアイデアを横取りされても喜べる公共精神の強い発明家を募集する。

・クラウドファンディングでスタート費用を集める。

・技術課題などを図解したファイルを公開する。

・何を発明するか設定する。

・発明のプロセスを模倣して段階を区切る。

テーマ②

　超低コスト、地域密着型、地域協力型、分散型、上水道システムの型が実現される。

・試験的な取り組みを行う。

・試験的な取り組みに協力してくれる組織を探す。

・水道施設をつくっている会社と連携する。

・安全性を担保できるよう、AIの導入を検討する。

・コストの試算を市場調査の会社などと連携して行う。

テーマ③

　課題の見える化をした上で、問題解決的手法、アイデア発想法的手法を、義務教育時点から、学び、解決方法を考えて発表することをミンナが行うようになる。

・義務教育で使いやすい、簡単なテキストを開発する。

・簡易的な問題解決プロセスをオンラインで体験する人を増やす。

・アイデア発想法の専用アプリを普及させる。

・アイデア発想法・問題解決法を義務教育の必修科目とする。

・アイデア発想法、問題解決法のワークショップが活発に開催される状況をつくる。

テーマ④

　色々な業界の人が、その業界ならではの意見を出し合って、そのアイデアが組み合わさって、新しいものが生み出される仕組みが構築される。

・ある業界とある業界の人が協力して SDGs の達成に向けて協力するセッションを多数開催する。

・Trello などプロジェクト管理ツールを使って、継続的、並行的な取り組みを行いやすくする。

・Trello など、アプリ開発で使われているノウハウを他の分野に転用する。

・業界ごとに、その業界の知識をアイデア発想法的に活用する基盤をつくる。

・ランダムに組み合わさった業界でランダムに選んだ目的に向かって協力してみる。

テーマ⑤

　「排泄物をその場で、肥料にする簡易トイレ」が開発される。

・技術的課題を一覧にする。

・化学・生物学の分野の人に協力してもらう。

・イメージ図を公開して、様々な人から意見をもらう。

・クラウドファンディングで試作品をつくる。

・試作品の開発に協力してくれる会社を探す。

未来逆算法を公開してみて

　今回、初めて、未来逆算法を書籍に記載して公開する取り組みをした。行ってみた感想は、「中途半端な状態を公開するなんて恥ずかしい」という思いが、世の中の発展を著しく遅らせているのではないかということだった。

　今、ここで記載したものを、もっとブラッシュアップして、公開

しようとしたら、恐らく物凄い時間が掛かる。オープンプロセスリレーションでは、このような、考え途中のものをどんどんミンナが公開するようになり、そこにダメ出しを含めて、アドバイスが届くようになれば、飛躍的に物事が進むであろうことをイメージしていただけたのではないかと思う。

また、このような希望する未来の実現への道筋を前向きに考える取り組みをチームで同時多発的に行うことで、共通の希望の未来を見える化することができ、飛躍的に前向きなエネルギーが生まれるのではないかと思う。

チームで話し合いながらつくることで、より多角的な視点から、実現可能性を探ることができる。今までは、不確かな未来について考えるということはあまり重視されてこなかった。

しかし、このように未来について話し合いながら、考えることは、今後の不確実さが増していく未来においてはより重要性が高まっていくことだろう。

今回のような、未来逆算法のような、プロセスをチームで行った後、評価基準として、

① その未来へのわくわく度合い

② プロセスの実現可能性度合い

③ プロセスの複雑度、精緻度

の３つのような基準で評価されるようになると、より全体としてのレベルがあがっていき、より社会的に価値のある取り組みになっていくだろう。

このような未来逆算法のチームでの実践はあらゆるところで行われるべきで、普及のためには心理的安全性の確保が必要である。そして、未来のことは誰にもわからないので、アイデア発想法的に、未来の各段階をイメージする能力が必要になってくる。

第 6 章

SDGs を達成するための
プロジェクト案

　最後に、SDGs を達成するために、今後、行いたいと考えている
プロジェクトを 25 個記載します。オープンプロセスリレーション
的に取り組みを進めていきます。実現に向けてご協力いただける方、
もっと詳しく内容を知りたい方は気軽にお問い合わせください。

1 学校教育へSDGsを考えるアイデア発想法 ZOOMワークショップの導入の推進

SDGs 関連の動画を見てから、アイデア発想法の実践をチームで行う

図表6のように、Google スプレッドシートを使えば、無料で、オンライン上でも同時にアイデアを入力していくことができる。

その際に、ポイントは、他の人のアイデアを真似して別のアイデアを考えてよいということだ。また、変なアイデアを褒めるということだ。アイデアを出すときに、ダメ出しをされたら、誰も思い切ったアイデアを出さなくなってしまう。質を求めずに量を沢山出すことを推奨することも重要だ。

エントリー NO. の下に参加者の名前を記載して、その下の1以降に各自でアイデアを同時に入力していく。開催するのに唯一ネックなのは、Google のアカウントがないと使えないことだ。

〔図表6　Googlスプレットシート〕

この取り組みは、テーマ次第で、大学、企業、NGOなどどんな組織でも行える。

2　ゆるい問題解決プロセスの普及と研究

テンプレート

私は、昔から問題解決関係の書籍が好きで、その関係の書籍は様々に読んできた。こういった問題解決のプロセスを自分の関わる課題に当てはめて実践してみたいと思いながら、なかなかその機会をつ

〔図表7　テンプレート〕

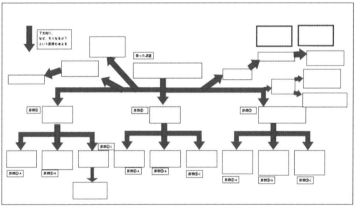

テンプレートURL：
https://drive.google.com/file/d/1enysEKQJpKkE9PYg2Iko-OtSqGg7n6aW/view?usp=sharing

くれずにきた。

　そんな中、問題解決のプロセスを Excel にまとめて提示する機会をつくることができた。

　その後、紆余曲折を経て、そのような問題解決のプロセスをより簡単なものにして、1 人で行うのではなく、ZOOM で話し合いながらチームで行えるようにしていった。

　その中で、大人数で行うと待ち時間が長くてあまり価値的ではなく、2 人で行うと充実したものとなることがわかった。図表 7 のようなテンプレートを使って行っている。Google ドライブに公開するので、よかったら、触ってみてほしい。

ゆるい問題解決プロセスの手順

　どのようなプロセスで行うかというと、

① 　テンプレートを用意する

　P109 の URL から誰でもダウンロードできるようにしている。

② 　Zoom で繋がる。

③ 　解決したい課題を話し合う。

④ 　マスを埋めながら、課題をツリー状に因果関係で繋いでいく。

⑤ 　出てきた課題について、対策のアイデアを出し合う。

ゆるい問題解決プロセスの効果

　たったこれだけのことだが、1 人で原因と対策を考えるよりも、圧倒的に多く有意義に原因と対策を考えられるようになる。課題であれば、何でも適用できるのだが、個人の課題をこのように 2 人で考えて、分析的に解決策を探すというプロセスをやったことがある人自体、かなり少ないと思う。

　ファシリテーションする側に少しコツはあると思うが、問題解決

系の書籍を読んで実践している人なら、すぐにできるようになると思う。

　ファシリテーション側をできる人がどんどん増えて、2人でこのプロセスをできる人がどんどん増えれば、社会的に非常に有益であると思う。今は、Excelで行っているが、もっと便利に使えるツールも開発していきたい。

3　緩いノウハウの研究と実践

　問題解決プロセスの他にも世の中には、様々なノウハウがあるが、なかなか書籍を読んだだけで、実践できていないと感じることが多い。社会全体でも、このように感じている人は多いのではないかと思う。

　そこで、本家のノウハウをもっと簡易化して、実践することをサポートするのを応援するような組織があるとよいのではないかと思う。

　たいてい、こういったノウハウは、完璧でなくても、最後まで一通りやってみることに非常に価値がある場合が多いと思う。簡易化したものを実践して、感覚を掴んで、必要さを感じたら、更に本格的な取り組みに移行してもよいだろう。

　このようなノウハウの簡易化したものをリスト化して程度提供できると、様々可能性が拡がる。SDGsの169のターゲット1つひとつの達成を目指すことに関連させて、それらを実行できるといい。

4　1時間で100のアイデアを出せるアプリの開発

　1つのテーマで100のアイデアを出すのは相当大変である。ただ工夫をすることで、アイデアを出すスピードは非常に高まる。例

えば、PowerPoint に、テキストボックスを適当な位置にランダムに配置しながら、アイデアを入力していくと、メモ帳などに上から順番に書いていくより圧倒的にスピードアップできる。

今、私がつくろうとしているのは、画面が次々に変わりながら、色々な問いやヒントが出てきてそれに反応してアイデアを出すことで、通常よりもアイデアを出やすくするものである。また、自分が出したアイデアを更に、展開して別のテーマで活用できる仕組みも組み込む予定だ。

5　公開型発明プロジェクトの仕組み構築

本文で取り上げた、途上国向けトイレ開発のような公益性の高い取り組みを、課題とそれに対する解決策をセットで公開しながら、様々な人からアドバイスをもらいながら、実現していく取り組みだ。

今、大まかにあるアイデアをまずは、公開してみようと思う。

6　新しい時代の求人のあり方の研究・構築

今の一般的な求人サイトは、もう何十年も前から大きく変わっていない。本文の中で様々、可能性を示せたとは思うが、全体を通していえることは、アイデア発想法の活用である。それは、求人する側にも、求人される側にもいえることだ。

これからは、業務がまわるからというだけで、人材を雇って働いてもらう企業はどんどん時代遅れになる。働いていく中で、どんどんスキルアップできて、SDGs への貢献度を高められるように、働く場をデザインすることがどんな企業にも求められる。

そのような状況をつくるのに、求人のあり方から、抜本的に考え

直す必要がある。その人その人の強みを漏れなく活用できる社会の体制をミンナのアイデアで生み出す必要がある。そのための手段の1つとしては、資格試験を新しく爆発的に増やすことなどが考えられる。

7　書籍コンセプトのアプリ化業界の構築

　書籍をアプリにして、より内容を実践しやすくする。これには間違いなく非常に価値がある。何しろ、書籍自体が、無数にある。それらが、再活性化できれば、市場は∞に拡がっていく。

　オープンプロセスリレーション的に考えれば、そういったアプリを開発できる企業も爆発的に増えるだろう。詳しくは、自著『アフターコロナ時代の事業アイデア10選』に書きました。

8　「専門知識×アイデア発想法×
　　テクノロジーリレーション」を
　　コンセプトにしたアプリ

　世の中には、様々な資格試験があるが、その試験はその学習内容に直接的にしか使われていない。アイデア発想法的に考えると、知識はすべて、ヒントになるし、展開する元になる。そう考えると、その資格試験で学んだ内容を元に考えてアイデアを出すことで、新しいイノベーションを生み出すことを促進できる。

　アイデア発想法を繰り返し行うと、答えが見つからないまでも、この部分を掘り下げたら、画期的な取り組みに結びつきそうだなと予感を感じられるようになる。ただ、そのすべてを自分で考えつくすには、全然時間が足りない。そのようなテーマを、その学習内容

113

の関連分野で見つけて、共有することで、資格試験の学習による効果と、アイデア発想法的な取り組みの一挙両得にすることができる。

　テクノロジーリレーションというのは、思いついたアイデアを、テクノロジーに詳しい人、実装をできる人に繋ぐことで、そのアイデアの実現性をすぐに検討できる体制をつくるということである。

9　マスソリューション業界の基礎となる、　困ったマップの共同制作

　困ったことを繋げたものを困ったマップと呼んでいる。詳しくは、『アフターコロナ時代の事業アイデア 10 選』に書いた。本文にあるが、孤立と過疎を繋ぐなど、社会全体の困ったことを大きく把握していなとなかなか思いつかないことである。

　このような困ったマップが、業界ごと、地域ごと、業種ごと、など様々なカテゴリーでできる。それらを横断的に見て気がつくこともあるはずだ。SDGs の 1 人も置き去りにしない社会の実現のために、必要な取り組みだ。

10　おうちコンサル

　家の中をどのように整理整頓するかは、個々の生産性に一番影響が大きいと思う。しかし、ここにアドバイスが入ることはほとんどない。

　勿論のこと、その人が希望すればということであるが、他人から見て、アドバイスをもらうことを、安く受けられるようになれば、社会的にみて、非常に有益だと思う。

　ただ、思わぬトラブルに発展しやすそうな内容なので、安心して、

サービスを提供できる、サービスを受けられる体制づくりが必要だろう。

　また、家の中の状況が、習慣に大きく影響するので、習慣コンサルタントの人が活用できるようになるとよりいいかもしれない。AR 技術などの活用も視野。

11　WIN-WIN移住プロジェクト

　地元の人が自分達でアイデア発想法に取り組んで出てきた、わくわくするアイデアを使って、地元のよさをアピールし、人の移住を呼び込むプロジェクト。人の繋がりが最大限活きる社会が生まれる。

12　Trello for SDGs

　本書を書いているときに、緩やかな繋がりで行う、Trello for SDGs という取り組みを始めた。友人と毎週オンラインで集まって、1 つのテーマについて話し合う。翌週までに、各自 Todo を引き受ける。翌週までに、何かを調べたりといったTodoの結果を共有して、更に話し合う。そして、そのサイクルを継続する中で、その結実として、どこかの組織や行政に何かを提案したりする。

　大まかに、このような取り組みだ。まだ、これからの取り組みなのだが、このような緩い繋がりでより多様な人同士の繋がりが増えて、前向きな行動が増えていくことが、SDGs の達成には不可欠と感じる。営利、非営利を問わず、このような緩い繋がりが増えていくことで、様々な人がチームになって、それぞれの本来持っている力を発揮できる世の中になると感じる。

　Trello のようなプロジェクト管理ツールは、従来、アプリ開発な

どの会社組織の中でしか使われていない場合がほとんどだろうが、他の分野に展開することで大きな可能性があると思う。

13　公開型SDGsフォーキャスト

　希望の未来をミンナで描くために、公開しながら、フォーキャストを行う。今回、私が、つくったものもその1つだ。このように、こんなプロセスで未来を実現していきたいという思いを、ミンナで育成していく必要がある。大人だけでつくるよりも、若い柔軟な発想を取り入れて、様々な人が意見を出し合って、ブラッシュアップしていくといいだろう。

　定期的に更新していくことで、より実現可能性が高まると思われる。

　また、未来のことを描くということは、徐々に、描いた対象が徐々に近づいてくるわけなので、その都度、○年後、という先の未来を設定して、そこまでの道のりを描くというのもいいかもしれない。

　その希望の未来を元に、更に、誰でも、アイデアを発散できるようにする、また、発散したアイデアをパーツにして、未来のプロセスを構築していく。そのようなことが可能だ。

14　オープンプロセスリレーションを
　　普及するための仮想通貨の発行

　仮想通貨の発行。オープンプロセスリレーション的だと認定された取り組みで使える通貨にする。

　SDGsの達成のための貢献度によって、価格を変えるなどの仕組みを持つ通貨にしたい。

15　サッカーのトレーニングの開発

アイデア発想法で、新しいトレーニングを試験的に実践しながら、開発していく取り組み。

スポーツの練習におけるアイデア発想法の活用は、まだまだ開拓の余地がありそう。この実践で、日本が強くなっていくことで、アイデア発想法にも、世界中から注目が集まるというシナリオ。

16　社会学×アイデア発想法の可能性追求

社会学は、そもそも、常識を疑う学問なので、アイデア発想法と相性がよさそう。

ある程度体系化したプロセスを開発できれば、多くの人が、社会学の内容に、アイデア発想法を組み合わせて、画期的なイノベーションを起こせるようになるのではないかと思っている。

17　株式投資の知識×アイデア発想法の 可能性追求

元々、成功しているものに、アイデア発想法を使うことで、可能性の高いものを生み出しやすい気がする。

SDGs の達成に向けて、成功事例を展開して考えるプロセスは社会的な重要度も高まりそうだ。

オープンプロセスリレーションが社会に浸透していく中で、自社のビジネスモデルを応用的に真似して違う分野に展開してもらって、よい事業構築を応援していく企業もどんどん増えるであろう。

18 オープンプロセスリレーション的な コンテストの開催

お互いの考えているアイデアを公開して、積み重ねて、よいものを構築していくという基本的な考え。SDGsの達成までのプロセスを分析して、必要な事業領域を特定。そこに対して、アイデアと企画を出していって、優秀なものに、試験的な取り組みをするための報奨金を出す、というような取り組み。いきなり、報奨金を出すことなく、試験的な取り組みへの資金を提供し、その結果もまた、共有することで、ブラッシュアップに多くの人が関われる仕組みにする。

19 イノベータートレーニングキャンプの創設

イノベーターとして活躍することに、集中したトレーニングというのは、まだないと思われる。少なくとも、誰もが気軽に参加できるようなものはないと思う。しかし、今後は、イノベーター的な能力が必要な場面が飛躍的に増えていくので、このようなトレーニングは必要不可欠になってくるだろう。

『イノベーションのDNA』の5つの能力を鍛えるトレーニングを組織的に行えば、飛躍的に、個々の能力を高めるのは、比較的容易だと思う。勿論、アイデア発想法の実践は必須である。

20 アイデアクロス検討会

「それまでに組み合わせたことがあまりないであろう、要素と要素の組み合わせを考えたときに、新しい画期的な取り組みが生まれ

る」、というのは割と知られたことだと思うが、本文で示したように、組み合わせというのは、要素が多いと爆発的に増え、1人で全部の可能性を考えるのは、難しい。であれば、1人で考えるのではなく、複数人で検討してみればいいのではないかと思う。

　社会貢献的な取り組みであれば、このやり方はおおいに成立すると思う。独創的、かつ、実現可能な取り組みを見つけるのに、沢山の人が参加する、というのは非常に素敵なことだと思う。

21　最新テクノロジー学習×困った状況の把握×アイデア発想法　ワークショップ

　社会の困った状況の把握、具体的にはドキュメンタリー番組などを見て、その後、最新のテクノロジー（AI、ブロックチェーン、AR・VR など）の学習をして、その後、アイデア発想法を実践することで、最新テクノロジーを社会の困ったことの解決に役立てるスピードが上がっていくのではないか。

22　成功報酬型、教えるプロジェクト

　プログラミング分野など、今後、技術が高度化していく中で、教えるのが上手い人を増やすのが、社会全体で課題になっている。

　そこで、教えられた人が成果をあげるたびに一部の報酬が教えてくれた人に支払われるシステムが構築できれば、教える人が飛躍的に増えるだろう。

　これは、抽象的に表現すると“教える”を創発的に DX 化する、という取り組みの一部になる。創発的とは、様々なアイデアを組み込むということである。この分野には、巨大な可能性が眠っている。

23　ランダムに組み合わさりプロジェクト

　ランダムに組み合わさった、人と人、組織と組織が協力しあって、新しいものを生み出す。協力する相手は、普通、論理的に考えて決めるものだが、それをランダムに行うことで、今まで考えもしなかった成果を生み出せる可能性が出てくる。最低限必要なのは、相手をリスペクトする心である。

24　経営の12要素、また、それぞれを組み合わせたもの、とSDGsの達成の関係の考察

　SDGs を達成するために、社会全体を大きな組織の連合体と捉えたときに、経営の 12 要素はどうあるべきか、考察を深めて、社会に発信していきたい。

25　ニュースをテーマにアイデア発想法をすぐに実践できるWEBサイト

　解決策を考える人が増えてアイデアが蓄積していくことで、社会全体の解決策の候補が圧倒的に増えることを促す WEB サイト。アイデアからアイデアを生むなど、連鎖的な仕組みを多数盛り込む。
　"すぐに実践できる" がポイントである。なるべく手間なく、アイデア出しまで快適に実践できるようにする必要がある。現代は、ほんのちょっとした面倒さのせいで、実践する人が爆発的に減る時代である。前向きで利他的な取り組みの面倒さを減らしていくことが大事である。

おわりに

　最後に SDGs を考えるアイデア発想法 ZOOM ワークショップに、ここでもう一度ふれておきたい。この取り組みが、オープンプロセスリレーションのスタートだと捉えているからである。十数回開催する中で感じたこと、気づいたことをまとめる。

①アイデア発想法をチームで実践できる貴重な場になる

　1つのテーマについて、アイデアをチームで出す取り組みをやったことのある人は少なく、ましてや、所属する組織を越えて行ったことのある人は、すごく少ないのではないかと思う。

　アイデアを出した後に、そのアイデア群を見ながら話し合うことで、様々刺激を受けることもできる。

②メンタルモデルが変化する

　テクノロジーが発達してできることは増えるが、いわゆる常識、前提を変化させるのは容易ではない。特に、日本人は、正解がある教育を受けてきた傾向が強いので、正解が定まらないことの答えを考えるのは苦手だ。アイデア発想法的に、" 変な考え " を積極的に出していく場に参加すると、徐々にだが、常識・前提から、自由になれる。

③2階層以上深堀りしてアイデアを出すことの効果が実感できる

　開催の流れで説明したように、1つのテーマに対して、アイデアを出した後、そのアイデア群の中から興味深いものを話し合いで選んで、更にそれをテーマにしてアイデアを出すということを行う。

　この2層目のアイデアで面白いものが生まれるケースが多く、アイデア出しの有効性を実感しやすい場となっている。

④社会貢献意欲を盛り上げることができる

　今回のような SDGs をテーマにすると、力をあわせて何かをした

いという思いが生まれやすく、社会貢献の取り組みに繋げやすい感じがする。また、大きな視点で社会に必要なことを考えるきっかけになる。

このような取り組みが、社会のあちこちで行われるようになって、様々な人・組織が今よりも様々な形で協力しあえるようになれば、SDGs の各目標を達成できるのは間違いない。

⑤アイデアは組み合わせると飛躍的に価値が高まる

例えば、SDGs 目標 11 の "人や国の不平等をなくす" について考えたアイデアを以下のようなプロセスで繋いだらよいのでは、という話がワークショップの中で出た。

(1)世の中の課題の見える化と共有→(2)チャレンジ精神養成講座→(3)経験やノウハウを創発的に活用する仕組み→(4)チャレンジに出資しやすい仕組みの構築

1つひとつは、よくある話でも、4つを有機的に組み合わせれば、かなりユニークな取り組みになるのではないかという話で盛り上がった。社会が複雑化していく中で、よりこのように組み合わせることで価値を高める必要性がより増していくだろう。

今後について

最後に、本書の中では "〜のような" や "〜みたいな" のような曖昧な表現を多用した。従来、ビジネスの書籍では、このような曖昧な表現は不適切とされてきた面が強いと思うが、今後はそれも変わってくると思う。社会全体でのアイデア発想法の実践が飛躍的に増える中で、書籍が、アイデア発想法の出発点として使わるケースが増えると思うからだ。

"読む" から "アイデアを考えて蓄積する"、そして "蓄積したアイデアを形にする" という一連の流れがスムーズに行われる社会に

なるのは間違いない。執筆する中で、色々な職業の人、色々な業界の人、色々な立場の人が、SDGs169の小目標など、様々なテーマで、チームになってアイデア出しをしているシーン、またそのアイデアを多くの人が協力してカタチにする流れがイメージできて凄くわくわくした。

　本書を読んでアイデア発想法に興味を持っていただけたら、是非、何かテーマを決めて、ブレーンストーミングに挑戦してみてほしい。素晴らしい参考書籍も沢山ある。ブレストをする際は、是非、誰かを誘って2人以上で行うことをおすすめする。リアルに会うのが難しい状況もあるので、オンラインでGoogle スプレッドシートを使うのが、おすすめだ。その際は、本書を参考にして、テーマを何にするかが大事だということを思い出してほしい。

　最初は、こんなことして何になるんだろう、と思う方が大半だと思うが、途中で楽しくなるので、後は、スムーズに取り組めるようになるはずだ。本書を通して、前向きな思考で枠を外してアイデアを出す人が増えることで社会がよりよい、楽しい場所になることを望んでいる。

　アイデア発想法好きが高じて、文章を書く際もアイデアを出しながら、それをまとめて書くというスタイルになった。誰もがイノベーターとして自分の可能性を最大限引き出して活躍できる社会の実現に向けて（それが2030年のSDGsの達成に間違いなく繋がると確信する）少しでも本書が役に立てれば幸いでである。

　このような出版の機会をいただいたセルバ出版、仲介していただいた有限会社イー・プランニングの須賀社長に改めて感謝申し上げる。内容については、様々、批判を含めて、ご意見いただければ嬉しい。

掛川　浩一

SDGsの169のターゲットについて
考える際のテーマとその考察

新規事業を考える際のヒントなどに使っていただきたい。

内容としては、SDGs169 の各ターゲット、テーマ、考察という並び順で記載している。

1.1

2030 年までに、現在 1 日 1.25 ドル未満で生活する人々と定義されている極度の貧困をあらゆる場所で終わらせる。

テーマ：貧困で苦しんでいる人を少額から援助して、将来的にリターンを望むにはどうしたらよいだろうか？

考　察：将来的にリターンが期待できれば、投資として援助ができる。

そしてリターンをもらえるように、その地域の人を応援しようという気持ちも生まれる。

1.2

2030 年までに、各国定義によるあらゆる次元の貧困状態にある、すべての年齢の男性、女性、子どもの割合を半減させる。

テーマ：日本のヒューマンパワーを使って、諸外国の貧困状態の人の支援をするにはどうしたらよいだろうか？

考　察：既に行われていることも多数あるが、そのようなことにより多くの人が参加する仕組みの構築が求められている。

1.3

各国において最低限の基準を含む適切な社会保護制度および対策を実施し、2030 年までに貧困層および脆弱層に対し十分な保護を

達成する。

テーマ：社会保護制度や対策が実施されていないのはどんな理由が
　　　　あるんだろうか？
　　　　また、どうすれば、そのような制度や対策が実施できるよ
　　　　うになるだろうか？

考　察：この点は、それに対してアイデア発想法を使って、様々な
　　　　可能性を探るという対応がよさそうだ。行政関係でアイデ
　　　　ア発想法を使っている国というのはほとんどないと思われ
　　　　るので、潜在的な可能性が莫大にある。

1.4

　2030 年までに、貧困層および脆弱層をはじめ、すべての男性お
よび女性の経済的資源に対する同等の権利、ならびに基本的サービ
ス、オーナーシップ、および土地その他の財産、相続財産、天然資
源、適切な新規術、およびマイクロファイナンスを含む金融サービ
スへの管理を確保する。

テーマ：SDGs 達成のために、それぞれの資源へのアクセスをどの
　　　　ようにすればよいだろうか？

考　察：この辺りの分析は、従来、経済学が行っていると思われる。
　　　　経済学の課題をアイデア発想法で対策を発散させて、よさ
　　　　そうなものを選ぶという分野が生まれるべきだ。

1.5

　2030 年までに、貧困層や脆弱な立場にある人々のレジリエンス
を構築し、気候変動に関連する極端な気象現象やその他の経済、社
会、環境的打撃や災害に対するリスク度合いや脆弱性を軽減する。

テーマ：経済、社会、環境的打撃や災害に対するリスク度合いや脆
　　　　弱性を軽減するにはどうしたらよいだろうか？

考　察：リスク度合いや脆弱性を軽減するといったときに、当事者

が、そのような可能性に向き合えないということがある。そこで、こういったリスクや脆弱性に対しての対策を行うブレストを地域住民の総意で行うことが必要だ。日本は地震大国で南海トラフなど大きな災害が予測されているにも関わらず、準備をミンナでしようという取り組みがないこと自体、変である。

1.a

　あらゆる次元での貧困撲滅のための計画や政策を実施するべく、後発開発途上国をはじめとする開発途上国に対して適切かつ予測可能な手段を講じるため、開発協力の強化などを通じて、様々な供給源からの多大な資源の動員を確保する。

テーマ：開発協力の強化を行うためにはどうしたらよいだろうか？

考　察：ここは、専門分野を使って考えやすくするように、細分化した課題の見える化が行えるとよいだろう。現場でどのような課題があるのか、それらの情報が圧倒的に足りない。

1.b

　各国、地域、および国際レベルで、貧困層やジェンダーに配慮した開発戦略に基づいた適正な政策的枠組みを設置し、貧困撲滅のための行動への投資拡大を支援する。

テーマ：貧困撲滅のための行動への投資とは何に使われるべきだろうか？

考　察：貧困撲滅のためにできること、これはまだまだ開拓の余地が大きい。日本だけでなく世界のためにできることのアイデアを出していく中で日本にも大きなリターンがあるだろう。

2.1

　2030 年までに、飢餓を撲滅し、すべての人々、特に貧困層及び

幼児を含む脆弱な立場にある人々が1年中安全かつ栄養のある食料を十分得られるようにする。

テーマ：つくり過ぎの農作物を保存食にして安価に輸送することはできないだろうか？

考　察：食品ロスをなくすことも重要である。おいしいものを我慢するという思考も必要なのかもしれないが、しかし、それには色々難しい。極端な方向に走るのはよくないだろう。

2.2

　5歳未満の子どもの発育阻害や消耗性疾患について国際的に合意されたターゲットを2025年までに達成するなど、2030年までにあらゆる形態の栄養不良を解消し、若年女子、妊婦・授乳婦及び高齢者の栄養ニーズへの対処を行う。

テーマ：国際連合世界食糧計画（WFP）を寄付以外で多くの人が応援しやすくなるにはどうしたらよいだろうか？

考　察：少しずつの応援をできるようなことが何かある気がする。現状、単純に人手が足りなく、また、こういったことはデリケートなので記述しにくいが、こういった誰かのために貢献するということは、精神的な栄養になるので、精神的な病の予防などにも活用できることなのかもしれない。

2.3

　2030年までに、土地、その他の生産資源や、投入財、知識、金融サービス、市場及び高付加価値化や非農業雇用の機会への確実かつ平等なアクセスの確保などを通じて、女性、先住民、家族農家、牧畜民及び漁業者をはじめとする小規模食料生産者の農業生産性及び所得を倍増させる。

テーマ：小規模食料生産者を応援するアプリを開発するとしたらどんなものになるだろうか？

考　察：そのカテゴリーの人向けの生産性アップ支援アプリというのは、様々可能性がありそうだ。

2.4

2030 年までに、生産性を向上させ、生産量を増やし、生態系を維持し、気候変動や極端な気象現象、干ばつ、洪水及びその他の災害に対する適応能力を向上させ、漸進的に土地と土壌の質を改善させるような、持続可能な食料生産システムを確保し、強靱（レジリエント）な農業を実践する。

テーマ：レジリエントな農業とはどんなものだろうか？

考　察：都市での農業も可能になってきているので、農業により多くの人が関わる未来がよいのかもしれない。土に関わることは、精神にもよいだろうから、それこそ多くの人が関わるべきな気がする。そのように、シナジーがあるように、職業を掛け持ちすることをサポートする事業のようなものも生まれてくる気がする。

2.5

2030 年までに、国、地域及び国際レベルで適正に管理及び多様化された種子・植物バンクなども通じて、種子、栽培植物、飼育・家畜化された動物及びこれらの近縁野生種の遺伝的多様性を維持し、国際的合意に基づき、遺伝資源及びこれに関連する伝統的な知識へのアクセス及びその利用から生じる利益の公正かつ衡平な配分を促進する。

テーマ：食料不足に陥りやすい国を重点的に支援するにはどうしたらよいだろうか？

考　察：公正な配分というのは、飢餓を起こさないということに強調したほうがいい気がする。こういったことを考えるのは、一部の国連機関の人で十分と考えてしまうのは、違うと思

う。一部の人が考えたことというのは、説得力が薄いし、考え漏れもどうしても出てきてしまう。何より共感が貴重なので、その意味でも多くの人が考えることから参加する必要が間違いなくある。

2.a

開発途上国、特に後発開発途上国における農業生産能力向上のために、国際協力の強化などを通じて、農村インフラ、農業研究・普及サービス、技術開発及び植物・家畜のジーン・バンクへの投資の拡大を図る。

テーマ：環境が悪いところでも生育する農作物はどうやったらできるのか？

考　察：砂漠地帯を、植物と水を最大に効率的に使って、農地化していくことが求められているのかもしれない。そのような研究している人はいるだろうか？

2.b

ドーハ開発ラウンドの決議に従い、すべての形態の農産物輸出補助金及び同等の効果を持つすべての輸出措置の並行的撤廃などを通じて、世界の農産物市場における貿易制限や歪みを是正及び防止する。

テーマ：WIN-WIN になる輸出入とはどういうものか？

考　察：ここも経済学が専門に考えていることだろう。
　　　　経済学者の人がアイデア発想法を実践するとどうなるんだろう。

2.c

食料価格の極端な変動に歯止めをかけるため、食料市場及びデリバティブ市場の適正な機能を確保するための措置を講じ、食料備蓄などの市場情報への適時のアクセスを容易にする。

テーマ：食料価格の極端な変動の原因は主に何なのだろうか？

考　察：世界で食料的に困った状態が、誰の目にも見える化されたら、どうにかしなきゃという思いが、誰の心にも起こる気がする。

3.1

2030 年までに、世界の妊産婦の死亡率を 10 万人当たり 70 人未満に削減する。

テーマ：この目標の達成に医療関係者以外で貢献することはどうやったら可能だろうか？

考　察：一見、医療関係者にしか関係ないように見えることも、様々な関連を辿っていけば、貢献する方法はいくらでもあるはず。

3.2

すべての国が新生児死亡率を少なくとも出生 1,000 件中 12 件以下まで減らし、5 歳以下死亡率を少なくとも出生 1,000 件中 25 件以下まで減らすことを目指し、2030 年までに、新生児および 5 歳未満時の予防可能な死亡を根絶する。

テーマ：各国各地域で全然状況が違うはずなので、その状況を見える化するにはどうしたらよいか？

考　察：見える化するのに、ボランティアの力を借りるということができるのではないかと思う。

3.3

2030 年までに、エイズ、結核、マラリアおよび顧みられない熱帯病といった伝染病を根絶するとともに肝炎、水系感染症およびその他の感染症に対処する。

テーマ：研究者を非研究者が応援して研究を加速する方法はないだろうか？

考　察：資金援助以外でも応援できる方法がある気がする。応援す
　　　　る人の専門分野を活かして、一緒にアイデア発想法を実践
　　　　するなど。

3.4

　2030 年までに、非感染症疾患（NCD）による早期死亡を、予防
や治療を通じて 3 分の 1 減少させ、精神保健および福祉を促進する。

テーマ：誰かの役に立てる喜びをより多くの人が感じられる社会に
　　　　なるには今より更に何が必要か？

考　察：ボランティアに色々な形、色々なやりがい、色々な喜びを
　　　　発想豊かに生み出すことで、すべての人が楽しく暮らせる
　　　　未来が目指せるはず。

3.5

　麻薬乱用やアルコールの有害な摂取を含む、薬物乱用の防止・治
療を強化する。

テーマ：薬物乱用を防止するのに必要なことは何か？

考　察：各世代で協力者を募ってブレストを行うのがよいのかもし
　　　　れない。

3.6

　2020 年までに、世界の道路交通事故による死傷者を半減させる。

テーマ：SDGs の達成を目標にすると物・人の移動はどうなってい
　　　　くべきだろうか？

考　察：これ何で、半数だったんだろう？　目指すなら、9 割減を
　　　　目指すとかでいい気がするが。

3.7

　2030 年までに、家族計画、情報・教育、およびリプロダクティブ・
ヘルスの国家戦略・計画への組み入れを含む、性と生殖に関するヘ
ルスケアをすべての人々が利用できるようにする。

テーマ：国を越えたコミュニケーションが活発化するとどんなことが起こるだろう？
　　　　SDGs の達成を考えたとき、国を越えた一般人同士のコミュニケーションはどのようになっていくべきだろうか？
考　察：教育をお互いにしあう、という相互教育という形がよいのかもしれない。

3.8
　すべての人々に対する財政保障、質の高い基礎的なヘルスケア・サービスへのアクセス、および安全で効果的、かつ質が高く安価な必須医薬品とワクチンのアクセス提供を含む、ユニバーサル・ヘルス・カバレッジ（UHC）を達成する。
テーマ：保障をされるとモチベーションが下がってしまう一般的なジレンマを解決するにはどうしたらよいだろうか？
考　察：このジレンマが解決されると色々なことが解決する気がする。

3.9
　2030 年までに、有害化学物質、ならびに大気、水質および土壌の汚染による死亡および病気の件数を大幅に減少させる。
テーマ：世界の困り事を自分のことと捉えて解決に力を注げる人を、今より飛躍的に増やすにはどうしたらよいだろうか？
考　察：そういった挑戦をしている人に起こったことを常態化する必要があるのかも。

3.a
　すべての国々において、たばこ規制枠組条約の実施を適宜強化する。
テーマ：たばこにかわる健康的だけど、似た機能を果たす商品って何だろう？

考　察：ここにタバコっていう商品が出てくることに驚き。具体的な商品カテゴリー名が出てくるのはSDGsの169のターゲットの中でもかなり珍しい。ここは、優先度が低くてよい気がする。

3.b

　主に開発途上国に影響を及ぼしている感染性および非感染性疾患のワクチンおよび医薬品の研究開発を支援する。また、ドーハ宣言に従い安価な必須医薬品およびワクチンへのアクセスを提供する。同宣言は公衆衛生保護およびすべての人々への医薬品のアクセス提供にかかわる「知的所有権の貿易関連の側面に関する協定（TRIPS協定）」の柔軟性に関する規定を完全に行使する開発途上国の権利を確約したものである。

テーマ：開発途上国で感染が広まってしまった時のために、どんな準備をしておくべきだろうか？

考　察：感染症の防止と共に、広まってしまったときの対処も考えておくべかも。

3.c

　開発途上国、特に後発開発途上国および小島嶼開発途上国において保健財政、および保健従事者の採用、能力開発・訓練、および定着を大幅に拡大させる。

テーマ：民間の人もこの取り組みに組み込まれるにはどうしたらよいか？

考　察：今回のコロナで思ったが、普段はその取り組みをしていなくても、バッファとしてその仕事ができる人というのは、常に必要なんだと思う。

3.d

　すべての国々、特に開発途上国の国家・世界規模な健康リスクの

早期警告、リスク緩和およびリスク管理のための能力を強化する。

テーマ：予期不能な事態に素早く対応するために、ミンナを巻き込んで知恵を出し合って、状況を打開するには、どのような仕組みが必要か？

考　察：一部の人が考えて実行するというのは間に合わないというのを今回のコロナで学んだ気がする。

4.1

2030年までに、すべての子どもが男女の区別なく、適切かつ効果的な学習成果をもたらす、無償かつ公正で質の高い初等教育及び中等教育を修了できるようにする。

テーマ：よりスムーズに教えられた人が教える立場になれるようにするにはどうしたらよいだろうか？

考　察：今後、オンラインでの国を越えた教育が発展するのは、間違いないと思うので、このような仕組みをうまくつくれたところが凄く有利になるだろう。

4.2

2030年までに、すべての子どもが男女の区別なく、質の高い乳幼児の発達・ケア及び就学前教育にアクセスすることにより、初等教育を受ける準備が整うようにする。

テーマ：初等教育にAIなどのテクノロジーはどのように寄与できるだろうか？

考　察：日本国内だけではなく、海外にも目を向ければ、チャンスが大きく広がる。

4.3

2030年までに、すべての人々が男女の区別なく、手の届く質の高い技術教育・職業教育及び大学を含む高等教育への平等なアクセスを得られるようにする。

テーマ：オンライン講義が広まっているが次の展開はどうなるだろ
　　　　うか？

考　察：オンライン講義を更に双方向で行いやすくするプラット
　　　　フォームができて、個人指導のような形態が増えるかもし
　　　　れない。色々な分野において。

4.4

　2030 年までに、技術的・職業的スキルなど、雇用、働きがいの
ある 人間らしい仕事及び起業に必要な技能を備えた若者と成人の
割合 を大幅に増加させる。

テーマ：より努力しやすい環境、努力が賃金に反映されやすくする
　　　　環境はどのようにすれば生み出せるか？

考　察：テクノロジーの進歩のおかげもあって、有用な資格が、爆
　　　　発的に増える未来がイメージできる。

4.5

　2030 年までに、教育におけるジェンダー格差をなくし、障害者、
先住民及び脆弱な立場にある子どもなど、脆弱層があらゆるレベル
の 教育や職業訓練に平等にアクセスできるようにする。

テーマ：その人その人の特性を活かすための教育・訓練というのは
　　　　どのように実現できるだろうか？

考　察：ストレングスファインダーのような、その人の強みを把握
　　　　してから、適した訓練を AI が選ぶ、というようなことが
　　　　始まり。

4.6

　2030 年までに、すべての若者及び大多数 (男女ともに) の成人が、
読み書き能力及び基本的計算能力を身に付けられるようにする。

テーマ：読み書きや計算能力の発達を遠隔で支援する仕組みがつく
　　　　れるのではないか？

考　察：このようなアプリがあったら、急速にそういった能力を伸
　　　　ばすことは可能な気がするが、そういった研究はもうどこ
　　　　かでされているのかもしれない。

4.7

　2030 年までに、持続可能な開発のための教育及び持続可能なラ
イフスタイル、人権、男女の平等、平和及び非暴力的文化の推進、
グローバル・シチズンシップ、文化多様性と文化の持続可能な開発
への貢献の理解の教育を通して、すべての学習者が、持続可能な開
発を促進するために必要な知識及び技能を習得できるようにする。

テーマ：平和を生み出すためのアイデアをブレストする場をつくり、
　　　　そこで出たアイデア群を有効活用するにはどうしたらよい
　　　　だろうか？

考　察：このようなテーマこそ、若い人の柔軟な心でアイデアを出
　　　　して、それを大人が応援する、という取り組みができたら
　　　　よい結果に結びつきやすそうである。

4.a

　子ども、障害及びジェンダーに配慮した教育施設を構築・改良し、
すべての人々に安全で非暴力的、包摂的、効果的な学習環境を提供
できるようにする。

テーマ：子ども、障害及びジェンダーに配慮した教育施設とは、ど
　　　　んなものだろうか？
　　　　より安価に、より多くの人が楽しく協力して、そのような
　　　　施設をつくることができないだろうか？

考　察：教育環境を、社会の全員が応援してつくっていくという考
　　　　え方が重要なのではないかと考える。

4.b

　2020 年までに、開発途上国、特に後発開発途上国及び小島嶼開

発途上国、ならびにアフリカ諸国を対象とした、職業訓練、情報通信技術 (ICT)、技術・工学・科学プログラムなど、先進国及びその他の開発途上国における高等教育の奨学金の件数を全世界で大幅に増加させる。

テーマ：より応援したほう、されたほう、双方が得をする仕組みはどのようにすればできるだろうか？

考　察：この分野はブロックチェーンの NFT や AI などの活用が有効なのではないかと思う。

4.c

2030 年までに、開発途上国、特に後発開発途上国及び小島嶼開発途上国における教員研修のための国際協力などを通じて、質の高い教員の数を大幅に増加させる。

テーマ：国際協力にもっと多くの人が関われるようにするにはどうしたらよいだろうか？

考　察：オンラインで協力できる体制などがあるとよいのかもしれない。こういう分野の取り組みに関して、課題がもっとオープンになって、その課題の解決策を多くの人が協力して考える仕組みができたらよいと思う。

5.1

あらゆる場所におけるすべての女性及び女児に対するあらゆる形態の差別を撤廃する。

テーマ：文化的な摩擦を起こさずに、このようなことを達成するにはどうしたらよいだろうか？

考　察：文化的なことは非常にデリケートなので、アイデアを出すこと、自体が難しいのかもしれない。このようなデリケートなことにうまく対応してミンナがハッピーになれる方法の構築は大きな課題だろうが、分野としては、文化人類学

がこのような研究を行っているのだと思われる。

5.2

　人身売買や性的、その他の種類の搾取など、すべての女性及び女児に対する、公共・私的空間におけるあらゆる形態の暴力を排除する。

テーマ：暴力を排除するのに追加でできることは何だろうか？

考　察：こういったことを考えてアイデアを出す人が増えれば、よりよい取り組みに社会が辿り着く可能性は大きくなるだろう。

5.3

　未成年者の結婚、早期結婚、強制結婚及び女性器切除など、あらゆる有害な慣行を撤廃する。

テーマ：有害な慣行を撤廃するために、直接関わりのない人ができることはあるだろうか？

考　察：政治的な働き掛けだと内政干渉みたいなことになってしまうこともあるかもしれないので、草の根の働きかけが必要なのかもしれない。

5.4

　公共のサービス、インフラ及び社会保障政策の提供、ならびに各国の状況に応じた世帯・家族内における責任分担を通じて、無報酬の育児・介護や家事労働を認識・評価する。

テーマ：家事・育児・介護をよりよい形で社会で分担するにはどうすればよいだろうか？

考　察：少しずつ手伝いあうことが可能になれば1人の負担が減って互いにWIN-WINな関係が構築できる余地は残っているのかもしれない。

5.5

政治、経済、公共分野でのあらゆるレベルの意思決定において、完全かつ効果的な女性の参画及び平等なリーダーシップの機会を確保する。

テーマ：女性が政治・経済・公共分野に今より参画しやすくするためにどんな取り組みができるだろうか？

考　察：女性によるブレインストーミング的にこのテーマを考える機会が、社会全体でまだまだ少ないと思うので、女性によるブレインストーミング的な取り組みの機会を増やすのは大事だろう。

　他の社会の課題、全般に言えるが、本人達がアイデアを出す機会があまりない場合が多いと思うので、

　そういった人達でどんどんブレインストーミング的な取り組みを行っていくべきだろう。

5.6

　国際人口・開発会議 (ICPD) の行動計画及び北京行動綱領、ならびにこれらの検証会議の成果文書に従い、性と生殖に関する健康及び権利への普遍的アクセスを確保する。

テーマ：性と生殖に関する健康及び権利への普遍的アクセスを確保するのに必要なことは何だろうか？

考　察：こういったデリケートな問題について、知識を普及させていくのは、色々と難しいことが多そうだ。

5.a

　女性に対し、経済的資源に対する同等の権利、ならびに各国法に従い、オーナーシップ及び土地その他の財産、金融サービス、相続財産、天然資源に対するアクセスを与えるための改革に着手する。

テーマ：アクセスを与えるための改革というのはどんなものである

　　　　べきだろうか？

考　察：改革に着手するという場合、具体的にどんなものがあるか
　　　　を考える、アイデアを出すことから、市民社会が取り組む
　　　　必要がある前提でつくられている目標に思える。しかし、
　　　　そのような取り組みがあまり周知されていないのは、勿体
　　　　ない。もっと、オープンプロセスリレーション的な形でア
　　　　イデアを募集していく必要があるだろう。法律関係の人が、
　　　　ブレインストーミングをすることもあまり聞かない気がす
　　　　るので、潜在的な可能性が大きくありそうだ。

5.b

　女性の能力強化促進のため、ICT をはじめとする実現技術の活用
を強化する。

テーマ：ジェンダーのそれぞれの一般的な長所をよりよい形で有効
　　　　活用していくにはどうすればよいだろう？

考　察：女性的と一般的に言われる特性を定義して、活用する必要
　　　　があるかも。
　　　　その際は、前向きな議論になるように注意する必要がある。
　　　　後ろ向きな批判のための議論になってしまうのは勿体な
　　　　い。

5.c

　ジェンダー平等の促進、ならびにすべての女性及び女子のあらゆ
るレベルでの能力強化のための適正な政策及び拘束力のある法規を
導入・強化する。

テーマ：法規の導入・強化により多くの人が参加できるようにする
　　　　にはどうすればよいだろうか？

考　察：AI の活用により、こういった取り組みに参加することが
　　　　容易になってくる可能性がありそうだ。

6.1

2030 年までに、すべての人々の、安全で安価な飲料水の普遍的かつ衡平なアクセスを達成する。

テーマ：なるべく安価に浄水器をつくるにはどうするのがよいだろうか？

考　察：浄水器を色々な素材でつくれるようになれば、安くできるのかもしれない。

6.2

2030 年までに、すべての人々の、適切かつ平等な下水施設・衛生施設へのアクセスを達成し、野外での排泄をなくす。女性及び女児、ならびに脆弱な立場にある人々のニーズに特に注意を払う。

テーマ：トイレを安全に清潔に使いやすく、安価につくるにはどうしたらよいのだろうか？

考　察：色々クリアしなければいけないことはあるだろうが、その場で肥料化することができれば、下水施設が不要になるのかもしれない。

6.3

2030 年までに、汚染の減少、投棄の廃絶と有害な化学物・物質の放出の最小化、未処理の排水の割合半減及び再生利用と安全な再利用の世界的規模で大幅に増加させることにより、水質を改善する。

テーマ：日本にある、もう使わなくなった技術を活用して、この目標に貢献することはできないか？

考　察：可能性ベースで情報を共有してもらう必要がある。
　　　　そういった可能性ベースでの技術の公開、共有というのは、まだ、あまり行われていないので、潜在的に機会が沢山ありそう。もしくは、公開はされてはいるけれども、活用の可能性を検討する取り組みが広くされていないことも多い

141

だろう。

6.4

　2030年までに、全セクターにおいて水利用の効率を大幅に改善し、淡水の持続可能な採取及び供給を確保し水不足に対処するとともに、水不足に悩む人々の数を大幅に減少させる。

テーマ：支援することでリターンを期待できる仕組みはどのような
　　　　形があり得るだろうか？

考　察：支援の形も資金の援助に限る必要はない。それぞれの強み
　　　　を活かして支援をすればよい。

6.5

　2030年までに、国境を越えた適切な協力を含む、あらゆるレベルでの統合水資源管理を実施する。

テーマ：日本が世界の統合水資源管理に貢献するにはどんな方法が
　　　　あるだろうか？

考　察：スーダンの統合水資源管理については、日本のJICAが支
　　　　援をしているようだが、他の国に関しても支援をする余地
　　　　があるのかもしれない。

6.6

　2020年までに、山地、森林、湿地、河川、帯水層、湖沼を含む水に関連する生態系の保護・回復を行う。

テーマ：AIの技術を生態系の保護・回復に活用するにはどうすれ
　　　　ばよいだろうか？

考　察：「AI　生態系の保護・回復」でGoogle検索したら、経団
　　　　連生物多様性宣言イニシアチブというのが出てきた。SDG
　　　　ｓの達成を目指す観点からすると、物凄く重要な情報なの
　　　　に、世間の注目度が低すぎる。
　　　　どうやったら、より注目度があがるかと考えたときに、よ

り情報をオープンにして取り組みのアイデア段階から、市
民公開して参加できるようにしてはどうかだろうか。

6.a

2030年までに、集水、海水淡水化、水の効率的利用、排水処理、
リサイクル・再利用技術を含む開発途上国における水と衛生分野で
の活動と計画を対象とした国際協力と能力構築支援を拡大する。

テーマ：日本の水道関係で知識のある引退した人に活躍してもらう
　　　　ことはできないだろうか？

考　察：SDGsの達成するために、今ある人的資源に最大限に活用
　　　　してもらうには、という観点で考えていく必要がある。こ
　　　　れは、他のすべての目標にもいえることだ。

6.b

水と衛生の管理向上における地域コミュニティーの参加を支援・
強化する。

テーマ：スマホアプリをうまく活用して地域コミュニティーの参加
　　　　の支援・強化をするにはどうしたらよいか？

考　察：最新のテクノロジーが活用されることを最大限支援される
　　　　体制を国際社会が一致してつくりだすべきではないだろ
　　　　か。

7.1

2030年までに、安価かつ信頼できる現代的エネルギーサービス
への普遍的アクセスを確保する。

テーマ：電気の導入を基準に考える際に、他のSDGsの目標と関連
　　　　して適切に考えるにはどうしたらよいか？

考　察：一概で電気があったほうが幸せといえない場合もあるとこ
　　　　ろが、こういったことを考えるのを難しくしている。生活
　　　　に必ず必要な食料、水と電気は分けて考える必要がある気

がする。保健衛生面などと電力の関係なども考える必要が
あるだろう。

7.2

2030 年までに、世界のエネルギーミックスにおける再生可能エ
ネルギーの割合を大幅に拡大させる。

テーマ：再生エネルギーの普及を応援するには、どうすればよいだ
　　　　ろうか？

考　察：太陽光は一般宅の一軒家でも取り入れることが可能になっ
　　　　てきているが、他の再生エネルギーも一般宅でも利用可能
　　　　になるだろうか？

7.3

2030 年までに、世界全体のエネルギー効率の改善率を倍増させ
る。

テーマ：エネルギー効率の改善に貢献するには、何ができるか？

考　察：こんなことに貢献できることなんて、一般の人にないんじゃ
　　　　ないか、と思うようなことも意外とそうでもないことも多
　　　　いのではないかと思う。そこらへんの可能性を探る取り組
　　　　みが様々なテーマで様々な人々が行う世の中になるとよい
　　　　と思う。

7.a

2030 年までに、再生可能エネルギー、エネルギー効率及び先進
的かつ環境負荷の低い化石燃料技術などのクリーンエネルギーの研
究及び技術へのアクセスを促進するための国際協力を強化し、エネ
ルギー関連インフラとクリーンエネルギー技術への投資を促進す
る。

テーマ：研究成果をより世界全体にとってメリットがあるように共
　　　　有して活用するにはどうしたらよいだろうか？

考　察：世界全体にとってメリットがあるように、というのは非常
　　　　に難しいことかもしれないが多くの人が考えれば辿り着け
　　　　ることであると思う。

7.b

　2030年までに、各々の支援プログラムに沿って開発途上国、特
に後発開発途上国及び小島嶼開発途上国、内陸開発途上国のすべて
の人々に現代的で持続可能なエネルギーサービスを供給できるよ
う、インフラ拡大と技術向上を行う。

テーマ：インフラ拡大と技術向上により多くの人が関われるように
　　　　するにはどうしたらよいだろうか？

考　察：インフラ拡大と技術向上に関する障害を見える化すること
　　　　でどうしたらよいかが見えてくるだろう。

8.1

　各国の状況に応じて、1人当たり経済成長率を持続させる。特に
後発開発途上国は少なくとも年率7％の成長率を保つ。

テーマ：後発途上国の年率7パーセントの成長率を保つのを支援
　　　　することで先進国も成長する、を民間レベルで更に加速す
　　　　るにはどうしたらよいだろうか？

考　察：更なる経済成長をすべての国が追い求めるのは手段の目的
　　　　化だという気がする。SDGsの他の目標を達成するために
　　　　どうあるべきかという視点で考えるべきなのではないか。

8.2

　高付加価値セクターや労働集約型セクターに重点を置くことなど
により、多様化、技術向上及びイノベーションを通じた高いレベル
の経済生産性を達成する。

テーマ：単発のアイデアから実際のイノベーションの実現までを、
　　　　もっと多様なプロセスで実現するにはどうしたらよいか？

145

考　察：オープンプロセスリレーションな社会の構築がこの実現に
　　　　大きく寄与するだろう。

8.3

　生産活動や適切な雇用創出、起業、創造性及びイノベーションを
支援する開発重視型の政策を促進するとともに、金融サービスへの
アクセス改善などを通じて中小零細企業の設立や成長を奨励する。

テーマ：国境を越えてチームを組んで成果を出しやすくするにはど
　　　　うしたらよいか？

考察：自動翻訳でコミュニケーションの問題がなくなっていくだろ
　　　　うことを考えるとこういった取り組みは増えそう多様性がイ
　　　　ノベーションの創出に繋がりやすいということは昔からずっ
　　　　と言われている。

8.4

　2030 年までに、世界の消費と生産における資源効率を漸進的に
改善させ、先進国主導の下、持続可能な消費と生産に関する 10 年
計画枠組みに従い、経済成長と環境悪化の分断を図る。

テーマ：経済成長による環境悪化を防ぐには何が必要だろうか？

考　察：このような根本的なことを考えて、自分の取り組みに落と
　　　　し込む人が増える必要がある。

8.5

　2030 年までに、若者や障害者を含むすべての男性及び女性の、
完全かつ生産的な雇用及び働きがいのある人間らしい仕事、ならび
に同一労働同一賃金を達成する。

テーマ：様々な形で雇用の創出を、より多くの人ができるようにな
　　　　るには何が必要だろうか？

考　察：より簡単に物事に挑戦できるようになる社会の流れに沿っ
　　　　て考えると、雇用する側になるのも、今までよりも簡単に

なる流れは必然となるだろう。となると、お試し雇用のような形が飛躍的に増えるのかもしれない。

8.6

2020年までに、就労、就学及び職業訓練のいずれも行っていない若者の割合を大幅に減らす。

テーマ：よりその人にあった、魅力的な職業訓練を増やすにはどうしたらよいだろうか？

考　察：就職ができずに悩んでいる人のために、ゲームを行うことによる入社試験のような斬新な取り組みが求められていると思う。

8.7

強制労働を根絶し、現代の奴隷制、人身売買を終らせるための緊急かつ効果的な措置の実施、最悪な形態の児童労働の禁止及び撲滅を確保する。2025年までに児童兵士の募集と使用を含むあらゆる形態の児童労働を撲滅する。

テーマ：児童労働を撲滅するために、直接関わりのない人が寄付以外でできることは何だろうか？

考　察：こういった深刻なテーマでのアイデア発想法というのは、恐らくほとんど社会的に行われていないと思われる。こういった深刻なテーマにおいては、アイデア発想法的に斬新なアイデアを出すのは不謹慎な感じがして、ためらう気持ちが多くの人に起こると思うが、最終的に解決に繋がれば、素晴らしいことだということを認識して、アイデアを出していく必要があるだろう。

8.8

移住労働者、特に女性の移住労働者や不安定な雇用状態にある労働者など、すべての労働者の権利を保護し、安全・安心な労働環境

を促進する。

テーマ：すべての労働者の権利の保護と安全・安心な労働環境はどうやったら確保できるだろうか？

考　察：それぞれの人が孤立しないように、アプリケーションで繋がって、気軽に相談しやすい状況をつくるなどの仕組みが求められると思う。

8.9

2030年までに、雇用創出、地方の文化振興・産品販促につながる持続可能な観光業を促進するための政策を立案し実施する。

テーマ：アイデア発想法を通してより魅力的な観光業を生み出せないか？

考　察：地域の魅力をより引き出すために、かつ、地域住民にも嬉しいような取り組みをアイデア次第でいくらでも生み出せるはず。

8.10

国内の金融機関の能力を強化し、すべての人々の銀行取引、保険及び金融サービスへのアクセスを促進・拡大する。

テーマ：分散型金融のあり方を、他のことにも適用できないだろうか？

考　察：保険の機能を持った、分散型金融というものも出てくるのかもしれない。

8.a

後発開発途上国への貿易関連技術支援のための拡大統合フレムワーク (EIF) などを通じた支援を含む、開発途上国、特に後発開発途上国に対する貿易のための援助を拡大する。

テーマ：後発国への貿易のための援助を、より SDGs の各目標に貢献するために役立つものとするにはどうしたらよいだろう

か？

考　察：SDGs の各目標はそれぞれに関連している。それぞれの目標の達成に向かって、シナジーをもった取り組みができるように、より工夫していくべきである。

8.b

2020 年までに、若年雇用のための世界的戦略及び国際労働機関 (ILO) の仕事に関する世界協定の実施を展開・運用化する。

テーマ：意欲のある若者が、SDGs の達成のための雇用創出にチャレンジしやすくするにはどうしたらよいだろうか？

考　察：元々ある仕事を提供する、という考え方に加えて、課題を解決するための仕事を創出する機会を設けるという考え方が大事だ。

9.1

すべての人々に安価で公平なアクセスに重点を置いた経済発展と人間の福祉を支援するために、地域・越境インフラを含む質の高い、信頼でき、持続可能かつ強靱 (レジリエント) なインフラを開発する。

テーマ：インフラ開発により多くの人が関わるにはどうすればよいだろうか？

考　察：インフラの種類とそれぞれの課題の一覧などがあると、アイデア発想法の力を活かしやすくなる。

9.2

包摂的かつ持続可能な産業化を促進し、2030 年までに各国の状況に応じて雇用及び GDP に占める産業セクターの割合を大幅に増加させる。後発開発途上国については同割合を倍増させる。

テーマ：SDGs 達成のために新しく生まれるべき産業はどんなものだろうか？

考　察：この書籍では、オープンプロセスリレーションな社会をつ
　　　　くるために、また、オープンプロセスリレーションな社会
　　　　ができた結果としてのマスソリューション業界というのを
　　　　構想した。他にも、様々な業界、産業が生まれるだろうが、
　　　　SDGs を達成するために、という観点で多くの人が知恵を
　　　　絞るのが重要である。

9.3

　特に開発途上国における小規模の製造業その他の企業の、安価な
資金貸付などの金融サービスやバリューチェーン及び市場への統合
へのアクセスを拡大する。

テーマ：3D プリンターを使って、SDGs の達成に貢献する製品を
　　　　つくれないだろうか？

考　察：3D プリンターの機能自体をカスタムしていくことが必要
　　　　なのかもしれない。3D プリンターの素材自体も自然に優
　　　　しい素材に変えていく必要もある。

9.4

　2030 年までに、資源利用効率の向上とクリーン技術及び環境に
配慮した技術・産業プロセスの導入拡大を通じたインフラ改良や産
業改善により、持続可能性を向上させる。すべての国々は各国の能
力に応じた取組を行う。

テーマ：どこにどんなインフラが必要とされる化を見える化できた
　　　　らどんなことが起こるだろうか？

考　察：見える化することで様々な応援をしやすくなる、というこ
　　　　とは SDGs の 169 の目標全般にいえることである。

9.5

　2030 年までにイノベーションを促進させることや 100 万人当た
りの研究開発従事者数を大幅に増加させ、また官民研究開発の支出

を拡大させるなど、開発途上国をはじめとするすべての国々の産業セクターにおける科学研究を促進し、技術能力を向上させる。

テーマ：研究開発を副業的に行うことを増やすことはできないか？

考　察：本業の取り組みを活かす形で行えれば、本人にとっても社会にとっても、WIN-WINな取り組みができそうな大きく社会を、1つの組織としてみると、経営の12の機能のそれぞれをSDGsの達成のために、適切に配分するべきであるということがいえるかもしれない。経営の12の要素とは、研究開発の他に、財務・会計・戦略・マーケティング・コミュニケーション・変化・リーダーシップ・知識・品質・製造・人事になる。

その意味で、様々な人が次の問いの答えを出して共有して、社会全体でブラッシュアップしていくべきである。

① SDGsを達成するための研究開発はどうあるべきか？

② SDGsを達成するための財務はどうあるべきか？

③ SDGsを達成するための会計はどうあるべきか？

④ SDGsを達成するための戦略はどうあるべきか？

⑤ SDGsを達成するためのマーケティングはどうあるべきか？

⑥ SDGsを達成するためのコミュニケーションはどうあるべきか？

⑦ SDGsを達成するための変化はどうあるべきか？

⑧ SDGsを達成するためのリーダーシップはどうあるべきか？

⑨ SDGsを達成するための知識はどうあるべきか？

⑩ SDGsを達成するための品質はどうあるべきか？

⑪ SDGsを達成するための製造はどうあるべきか？

⑫ SDGs を達成するための人事はどうあるべきか？

また、それぞれがそれぞれに関連を持っていて、それぞれ重要である。例えば、SDGs を達成するために研究開発×財務の関係はどうあるべきか？　SDGs を達成するためにリーダーシップ×変化の関係はどうあるべきか？　など。この組み合わせは、12 × 11 ÷ 2 = 66 分野ある。それぞれの考察も非常に重要であると思う。

更にいえば、この 66 の組み合わせそれぞれの考察を、SDGs169 のターゲットのそれぞれで行うのは非常に有効だと思うが、そうすれば、169 × 66= 11154 の考察が重要になってくる。この膨大な数をみると、ミンナで力をあわせる、マスソリューション業界やオープンプロセスリレーション的な取り組みがいかに重要かおわかりいただけるのではないか。

9.a

　アフリカ諸国、後発開発途上国、内陸開発途上国及び小島嶼開発途上国への金融・テクノロジー・技術の支援強化を通じて、開発途上国における持続可能かつ強靱 (レジリエント) なインフラ開発を促進する。

テーマ：義務教育段階で、誰かに貢献するためのプロジェクトに参加することができないだろうか？

考　察：若い人の柔軟な発想を社会全体でより活用していく仕組みが求められている。

9.b

　産業の多様化や商品への付加価値創造などに資する政策環境の確保などを通じて、開発途上国の国内における技術開発、研究及びイノベーションを支援する。

テーマ：アイデア発想法を世界的に学んで活用する潮流をつくるに
　　　　はどうしたらよいか？

考　察：付加価値創造といったら、アイデア発想法が最適であるの
　　　　で、その点はより強調されるべきである。

9.c

後発開発途上国において情報通信技術へのアクセスを大幅に向上
させ、2020年までに普遍的かつ安価なインターネット・アクセス
を提供できるよう図る。

テーマ：価値創造とインターネットの関係はどうあるべきか？

考　察：この書籍ではオープンプロセスリレーションという概念を
　　　　提案させていただいたが、色々な考え方があってよいと思
　　　　うので、SDGsを達成するために、という観点で、色々な
　　　　人が考察をしてみる必要があるかと思う。

10.1

2030年までに、各国の所得下位40%の所得成長率について、
国内平均を上回る数値を漸進的に達成し、持続させる。

テーマ：仮想通貨がこの目標にどのように貢献できるだろうか？

考　察：銀行口座がないけれども、スマホを持っている人が多いの
　　　　で、仮想通貨が役に立つといういのは最近よく聞く話だが、
　　　　他にも、様々な可能性を秘めていると思う。SDGs169の
　　　　目標それぞれを実現するための支援をする仮想通貨なん
　　　　て、どうだろうか？

10.2

2030年までに、年齢、性別、障害、人種、民族、出自、宗教、
あるいは経済的地位その他の状況に関わりなく、すべての人々の能
力強化及び社会的、経済的及び政治的な包含を促進する。

テーマ：能力を高めるのに、それぞれの人の強みをより活かすため

に、様々なテクノロジーをどうやって使うべきだろうか？

考　察：テクノロジーは、下手をすると儲けるためにばかり使われることになりがちだが、こういったより社会的意義の強いものに意図的に資源を配分する姿勢が大事ではないだろうか？　そういった姿勢を社会全体で強化するためにはどうしたらよいかをミンナで考えていくべきである。

10.3

差別的な法律、政策及び慣行の撤廃、ならびに適切な関連法規、政策、行動の促進などを通じて、機会均等を確保し、成果の不平等を是正する。

テーマ：少しの面倒さを除くことでSDGsの取り組みが飛躍的に進むこととは何だろうか？

考　察：行動の促進に関しては、書籍『習慣超大全』の内容を活用できるの余地が様々あるのではないかと思っている。スケジュール予約系のアプリが人気だったりするが、現代人は、それこそ、1秒待たされるだけでも、面倒で、もう使わなくなる人がいる。そういう観点で考えてみると、SDGsに取り組もうとするのに、障害になっている些細なことを、潰していくのは非常に重要だ。

10.4

税制、賃金、社会保障政策をはじめとする政策を導入し、平等の拡大を漸進的に達成する。

テーマ：人の役に立つ喜びをより感じやすくなる社会はどのようにしたら実現可能か？

考　察：ボランティア活動は今でも参加したければ、誰でも参加できると思われがちかもしれないが、様々な障害があって参加できない人も多いと思う。そのような障害は、多くの人

が参加するワークショップで明らかになる。

10.5

　世界金融市場と金融機関に対する規制とモニタリングを改善し、こうした規制の実施を強化する。

テーマ：世界金融市場と金融機関に対する規制を行うのは何のためだろうか？　また、独創的な取り組みで、その目的を達成できないだろうか？

考　察：他にもあるけど、この目標は凄い抽象度が高い。

10.6

　地球規模の国際経済・金融制度の意思決定における開発途上国の参加や発言力を拡大させることにより、より効果的で信用力があり、説明責任のある正当な制度を実現する。

テーマ：開発途上国の参加者の発言力を拡大させるのに、多くの人がよい形で関わるにはどのようなことができるだろうか？

考　察：国を越えた相談事業、というのが今後、間違いなく拡大していくであろうことを想定する必要があるだろう。

10.7

　計画に基づきよく管理された移民政策の実施などを通じて、秩序のとれた、安全で規則的かつ責任ある移住や流動性を促進する。

テーマ：秩序のとれた、安全で規則的かつ責任ある移住や流動性を促進するには、どんなことが必要だろうか？

考　察：それぞれの地域が、どうやって人の役に立とうとしているか、などで魅力をよい意味で競い合う社会になるとよいと思う。

10.a

　世界貿易機関 (WTO) 協定に従い、開発途上国、特に後発開発途上国に対する特別かつ異なる待遇の原則を実施する。

テーマ：先進国と開発途上国、特に後発開発途上国の不況和音を乗り越えてお互いがリスペクトして WIN-WIN な関係で進めるように、私達にできることは何だろうか？

考　察：相手のよいところから学ぶ精神が必要。

10.b

各国の国家計画やプログラムに従って、後発開発途上国、アフリカ諸国、小島嶼開発途上国及び内陸開発途上国を始めとする、ニーズが最も大きい国々への、政府開発援助 (ODA) 及び海外直接投資を含む資金の流入を促進する。

テーマ：どんなニーズがあるのかを誰でもアクセスできるように一覧化して、それに対してアイデア発想法を有効に使うにはどうしたらよいだろうか？

考察：このように、アイデア発想法による有効活用をしやすいように、情報を共有するというのは、今後の大きな方向性になるのではないかと思う。

10.c

2030 年までに、移住労働者による送金コストを 3% 未満に引き下げ、コストが 5% を越える送金経路を撤廃する。

テーマ：送金コストが劇的に下がることで、世の中どのように変わるだろうか？　また変わるべきだろうか？

考察：仮想通貨がこの目標だと真っ先に思いつくが、他にも方法はあるのだろうか？　3% 未満でもとても高い気がしてしまう。

11.1

2030 年までに、すべての人々の、適切、安全かつ安価な住宅及び基本的サービスへのアクセスを確保し、スラムを改善する。

テーマ：スラムの改善に、どのようにすれば貢献できるだろうか？

考　察：余計なお節介になってしまうことと喜んでもらえることの

境界線が難しいのが課題なのかもしれない。

11.2

　2030年までに、脆弱な立場にある人々、女性、子ども、障害者及び高齢者のニーズに特に配慮し、公共交通機関の拡大などを通じた交通の安全性改善により、すべての人々に、安全かつ安価で容易に利用できる、持続可能な輸送システムへのアクセスを提供する。

テーマ：ITをより多くの人が使いこなしやすいようにするにはどうしたらよいだろうか？

考　察：スマホに加えて、WEBカメラをセットでうまく使ってもらうと、操作方法をオンラインで案内できてよいのかもしれない。もしくは、スマホ単体で、オンラインでの説明を受けて、操作するをスムーズにしやすい仕組みをつくるなども考えられるかもしれない。

11.3

　2030年までに、包摂的かつ持続可能な都市化を促進し、すべての国々の参加型、包摂的かつ持続可能な人間居住計画・管理の能力を強化する。

テーマ：居住計画・管理の能力を強化するとは具体的にはどういうことだろうか？

考　察：包摂的、というのは難しい単語だ。ただ、考えてみると、こういった曖昧な表現をしているからこそ、その具体的な内容はなんだろうかとアイデア発想法を使って、アイデアを出しやすくなっている。

11.4

　世界の文化遺産及び自然遺産の保護・保全の努力を強化する。

テーマ：世界遺産が地域の発展によりよい形で活用されるには何が必要だろうか？

考　察：歴史をテーマにアイデア発想法を使ってアイデアを出すというのは、独創的なものを生み出しやすいので、潜在的な可能性を大きく秘めていると思う。

11.5

2030年までに、貧困層及び脆弱な立場にある人々の保護に焦点をあてながら、水関連災害などの災害による死者や被災者数を大幅に削減し、世界の国内総生産比で直接的経済損失を大幅に減らす。

テーマ：色々な災害の軽減にアイデア発想法はどのように活かせるだろうか？

考　察：災害の被害を削減するのにも、アイデア発想法が活用できると思う。その際は、ブレストの4ルール、①量より質、②便乗歓迎、③突拍子もないアイデアを歓迎、④結論厳禁・批判しないのルールを守って行う必要がある。災害という深刻な問題であっても、思いつきで、アイデアをいえる雰囲気がない場合が多いと思うので、このような取り組みの可能性は非常に大きいと思う。

11.6

2030年までに、大気の質及び一般並びにその他の廃棄物の管理に特別な注意を払うことによるものを含め、都市の1人当たりの環境上の悪影響を軽減する。

テーマ：環境上の悪影響を軽減するために、個人が継続して取り組めることはないだろうか？

考　察：個人、また、個人が集まった緩い組織、ができることを現状を分析しながら、アイデア発想することを、サポートするスマホアプリなどがあったら、楽しそうだし、SDGsの貢献に役立てる気がする。

11.7

2030 年までに、女性、子ども、高齢者及び障害者を含め、人々に安全で包摂的かつ利用が容易な緑地や公共スペースへの普遍的アクセスを提供する。

テーマ：公共スペースの活用について、地域の人でアイデアを出して、話し合うプロセスを通して、より地域に愛される、ミンナが喜んで使える場所にすることはできないか？

考　察：単純なブレーンストーミングでは難しいし、意見の多様性をどう、よい形でまとめられるかという課題は、あるが、こういった取り組みがうまくいけば、地域の繋がりつくりなどにも貢献できそうだ。

11.a

各国・地域規模の開発計画の強化を通じて、経済、社会、環境面における都市部、都市周辺部及び農村部間の良好なつながりを支援する。

テーマ：過疎と孤立の問題を互いに WIN-WIN に解決する方法がないだろうか？

考　察：先進国では、孤立が社会問題になっている。人の繋がりが強い、農村部へ移住をすることで孤立の問題が解消され、同時に過疎の問題も解消するという WIN-WIN な取り組みが求められていると思う。

11.b

2020 年までに、包含、資源効率、気候変動の緩和と適応、災害に対する強靭さ (レジリエンス) を目指す総合的政策及び計画を導入・実施した都市及び人間居住地の件数を大幅に増加させ、仙台防災枠組 2015-2030 に沿って、あらゆるレベルでの総合的な災害リスク管理の策定と実施を行う。

テーマ：住民が参加するアイデア発想法の実践で、防災の取り組み

のアイデアを沢山出して、その中から選んで、特によいも
のを実施するということができないだろうか？

考　察：アイデア発想法で出てきたアイデアが行政まで繋がると、
この目標に限らず、よいと思う。

11.c

財政的及び技術的な支援などを通じて、後発開発途上国における
現地の資材を用いた、持続可能かつ強靭 (レジリエント) な建造物
の整備を支援する。

テーマ：現地の資材を用いた、建造物というのは、どんなものが考
えられるだろうか？

考　察：先進国のコンクリートによる建物以外にも様々な可能性が
あるのだと思う。
すべてを現地の資材にせず、一部の部品は輸入すると考え
ると、様々できることが増えそう。
伝統的な技術にも注目が集まりそうだ。

12.1

開発途上国の開発状況や能力を勘案しつつ、持続可能な消費と生
産に関する 10 年計画枠組み (10YFP) を実施し、先進国主導の下、
すべての国々が対策を講じる。

テーマ：日本の都道府県単位などで、個別に、各開発途上国の支援
を行うにはどうすればよいか？

考　察：支援する側の範囲を狭めることで、より創意工夫に富んだ、
支援のあり方を生み出せるのではないかと思う。

12.2

2030 年までに天然資源の持続可能な管理及び効率的な利用を達
成する。

テーマ：天然資源の持続可能な管理及び効率的な利用とは具体的に

はどういうことだろうか？

考　察：目標の内容自体を、アイデア発想法で生み出していく視点
　　　　も重要である。

12.3

　2030年までに小売・消費レベルにおける世界全体の1人当たり
の食料の廃棄を半減させ、収穫後損失などの生産・サプライチェー
ンにおける食品ロスを減少させる。

テーマ：食料廃棄を減らすためにできることは何だろうか？

考　察：昔に行っていた知恵を掘り返すのが有効かもしれない。

12.4

　2030年までに、合意された国際的な枠組みに従い、製品ライフ
サイクルを通じ、環境上適正な化学物質やすべての廃棄物の管理を
実現し、人の健康や環境への悪影響を最小化するため、化学物質や
廃棄物の大気、水、土壌への放出を大幅に削減する。

テーマ：経済的合理性を追求するのに、環境合理性もあわせて追及
　　　　することができる補助金などのあり方はどうあるべきか？

考　察：炭素税などの取り組みは始まったばかり。他にも、環境合
　　　　理性を補助する資金援助の仕組みは様々生み出せるはずで
　　　　ある。

12.5

　2030年までに、廃棄物の発生防止、削減、再生利用及び再利用
により、廃棄物の発生を大幅に削減する。

テーマ：廃棄せずに繰り返し形を使える活気的な製品とはどんなも
　　　　のか？

考　察：ゴミの捉え方自体を変えていく必要があるかもしれない。

12.6

　特に大企業や多国籍企業などの企業に対し、持続可能な取り組み

を導入し、持続可能性に関する情報を定期報告に盛り込むよう奨励する。

テーマ：定例報告をするインセンティブはどうすれば生み出せるか？

考　察：全般にいえることだが、SDGsの達成に貢献していくためのインセンティブをどう生み出していくかが、今後、達成できるかどうかの鍵になるだろう。

12.7

国内の政策や優先事項に従って持続可能な公共調達の慣行を促進する。

テーマ：持続可能な公共調達とはどのようなものだろうか？

考　察：公共調達にイノベーションを起こすために、アイデア発想法を組み込むことができるのではないかと思う。

12.8

2030年までに、人々があらゆる場所において、持続可能な開発及び自然と調和したライフスタイルに関する情報と意識を持つようにする。

テーマ：より人の役に立てる喜びをすべての人が感じやすくなる社会のために、どんな新しいライフスタイルが普及することが考えられるだろうか？

考　察：まだ、このテーマで考えている人は少なそうだから、非常に可能性を秘めているテーマだと思う。

12.a

開発途上国に対し、より持続可能な消費・生産形態の促進のための科学的・技術的能力の強化を支援する。

テーマ：科学的・技術的能力の強化支援の見返りとして何をもうらうことで、WIN-WINな関係を築きやすいだろうか？

考　察：見返りも、多様性にとみ、選択可能なものにすることで、
　　　　支援も行いやすくなるのではないか？

12.b

　雇用創出、地方の文化振興・産品販促につながる持続可能な観光
業に対して持続可能な開発がもたらす影響を測定する手法を開発・
導入する。

テーマ：持続可能な開発がもたらす影響を測定する際の、評価基準
　　　　はどんなものが考えられるだろうか？

考　察：全般的にいえることだが、SDGs の達成に寄与する、すべ
　　　　ての関係者の幸福に繋がる新たな指標をどんどん開発して
　　　　活用するべきだと思う。

12.c

　開発途上国の特別なニーズや状況を十分考慮し、貧困層やコミュ
ニティを保護する形で開発に関する悪影響を最小限に留めつつ、税
制改正や、有害な補助金が存在する場合はその環境への影響を考慮
してその段階的廃止などを通じ、各国の状況に応じて、市場のひず
みを除去することで、浪費的な消費を奨励する、化石燃料に対する
非効率な補助金を合理化する。

テーマ：こういった複雑な目標の達成のために、より多くの人が知
　　　　恵を出し合って、その知恵を元に、計画を形成していくに
　　　　はどうしたらよいか？

考　察：アイデア発想法と他の方法とのスムーズかつ、シナジーを
　　　　生む連続した方法の開発・活用が求められる。

13.1

　すべての国々において、気候関連災害や自然災害に対する強靱性
(レジリエンス) 及び適応の能力を強化する。

テーマ：気候関連災害や自然災害に対する強靱性 (レジリエンス)

及び適応の能力を強化するにはどうしたらよいだろうか？

考　察：沢山の人が協力してアイデア発想法を実践すれば、それまでは誰も考えたこともない、画期的な取り組みが沢山生まれるに違いない。その分野にほとんど素人の人が突拍子もないアイデアを沢山出して、専門家の人が可能性を検証するという流れになるだろう。突拍子もないアイデアも、色々な職業、業界の人など、属性のバラエティーに富んだ人達が、アイデアを出すことで、よりよい取り組みに繋がりやすくなる。

13.2

気候変動対策を国別の政策、戦略及び計画に盛り込む。

テーマ：政策、戦略及び計画に盛り込むとは具体的にどういうことだろうか？

考　察：このような抽象的な表現をされている目的は、特に、中身をアイデア発想法的に考える余地があるこういった、専門家と、素人の人が協働する必要がある。

13.3

気候変動の緩和、適応、影響軽減及び早期警戒に関する教育、啓発、人的能力及び制度機能を改善する。

テーマ：教育、啓発、人的能力及び制度機能を改善のために何が必要だろうか？

考　察：この目的を具体的な取り組みに落としている組織はあるのだろうか？　今までに、色々なSDGsの書籍、WEBの情報などをみてきたが、169の目標の1つひとつにコメントしている情報はほとんどみたことがない。

その意味で、今回、私が、書いた169の目標の1つひとつへ考察が、目標達成のために考え始めるきっかけになれば

幸いである。

13.a

　重要な緩和行動の実施とその実施における透明性確保に関する開発途上国のニーズに対応するため、2020年までにあらゆる供給源から年間1,000億ドルを共同で動員するという、UNFCCCの先進締約国によるコミットメントを実施するとともに、可能な限り速やかに資本を投入して緑の気候基金を本格始動させる。

テーマ：開発途上国のニーズとは具体的にどういったものがあるの
　　　　だろうか？

考　察：こういった調査に関することを、民間のボランティアの人
　　　　が参加できる仕組がつくれればよいのではないか？

13.b

　後発開発途上国及び小島嶼開発途上国において、女性や青年、地方及び社会的に疎外されたコミュニティーに焦点を当てることを含め、気候変動関連の効果的な計画策定と管理のための能力を向上するメカニズムを推進する。

テーマ：気候変動関連の効果的な計画策定と管理のための能力を向
　　　　上するメカニズムとは具体的にはどのようなものであろう
　　　　か？

考　察：様々なプロジェクト管理ツールを、ボランティアの人が、
　　　　緩い繋がりで共有して使うことで、今までと違う成果を出
　　　　せるのではないかと思う。

14.1

　2025年までに、海洋ごみや富栄養化を含む、特に陸上活動による汚染など、あらゆる種類の海洋汚染を防止し、大幅に削減する。

テーマ：海洋汚染を防止する方法を考えるのに、どのようなプロセ
　　　　スを使えば、画期的な取り組みに辿り着くであろうか？

考　察：困ったことを繋げる、困ったマップをまずつくる。それから、その困り事を解決するアイデアを出す。という順番がよい。困ったことは既存の情報をおおまかに論理的に繋げる。そして、その困り事へのアイデアは、変なもの・ありえないものを含めて、とにかく量を出して、いく。そのアイデアを公開して、また、別の人が、それぞれのアイデアを更に、自分の専門分野と掛け合わせるなどしてアイデアを出す。これを何十回も繰り返して、1万程度のアイデアが出たら、その中から、超画期的なアイデアが生れる可能性は高い。これは、海洋汚染の防止以外、何でも使える。

14.2

2020年までに、海洋及び沿岸の生態系に関する重大な悪影響を回避するため、強靭性（レジリエンス）の強化などによる持続的な管理と保護を行い、健全で生産的な海洋を実現するため、海洋及び沿岸の生態系の回復のための取り組みを行う。

テーマ：海洋及び沿岸の生態系の回復のために、個人が行っても効果はないが多くの人が行えば、積み重なって大きな力になることはあるだろうか？

考　察：真っ先に思いつくのは、ゴミ拾いだが、ゴミ拾い以外、もしくは、ゴミ拾いを少し発展させた何か取り組みができるかもしれない。

14.3

あらゆるレベルでの科学的協力の促進などを通じて、海洋酸性化の影響を最小限化し対処する。

テーマ：科学的な取り組みに、アイデア発想法を活用するにはどうしたらよいか？

考　察：どこがアイデアを出すポイントなのかなどを共有してくれ

る、頭の柔らかい専門家の人がいるとよい気がする。

14.4

　水産資源を、実現可能な最短期間で少なくとも各資源の生物学的特性によって定められる最大持続生産量のレベルまで回復させるため、2020年までに、漁獲を効果的に規制し、過剰漁業や違法・無報告・無規制 (IUU) 漁業及び破壊的な漁業慣行を終了し、科学的な管理計画を実施する。

テーマ：科学的な管理計画とはどういうものであるべきだろうか？

考　察：インターネットで14.4の目標を検索しても、あまり情報が出てこない。169の目標それぞれについて、議論する場、また、アイデアを出す場、出てきたアイデアを検討する場、などが必要なのではないかと思う。

14.5

　2030年までに、国内法及び国際法に則り、最大限入手可能な科学情報に基づいて、少なくとも沿岸域及び海域の10パーセントを保全する。

テーマ：漁業に対しての、各国の法律の違いはどうなっているだろうか？

考　察：10％の根拠は何なんだろうか？　そこらへの目標設定の際に参考にした情報などもあわせて、閲覧しやすいように公開されると、考えやすい。そのように、目標実現のための手段を考えやすいように、情報公開についてお整理するべきである。

14.6

　開発途上国及び後発開発途上国に対する適切かつ効果的な、特別かつ異なる待遇が、世界貿易機関 (WTO) 漁業補助金交渉の不可分の要素であるべきことを認識した上で、2020年までに、過剰漁獲

能力や過剰漁獲につながる漁業補助金を禁止し、違法・無報告・無規制 (IUU) 漁業につながる補助金を撤廃し、同様の新たな補助金の導入を抑制する **。** 現在進行中の世界貿易機関 (WTO) 交渉および WTO ドーハ開発アジェンダ、ならびに香港閣僚宣言のマンデートを考慮。

テーマ：ミンナにとってハッピーな漁業とはどういうものだろうか？

考　察：こういったテーマは、地元の人が考えてアイデアを出すのが適している。外部の人が考えても、押し付け感が強い話しになってしまいやすい。

14.7

2030 年までに、漁業、水産養殖及び観光の持続可能な管理などを通じ、小島嶼開発途上国及び後発開発途上国の海洋資源の持続的な利用による経済的便益を増大させる。

テーマ：内陸国にも漁業の恩恵がいきやすい状況をつくるにはどうしたらよいだろうか？

考　察：世界全体での最適化という視点が大事になってくるだろう。

14.a

海洋の健全性の改善と、開発途上国、特に小島嶼開発途上国および後発開発途上国の開発における海洋生物多様性の寄与向上のために、海洋技術の移転に関するユネスコ政府間海洋学委員会の基準・ガイドラインを勘案しつつ、科学的知識の増進、研究能力の向上、及び海洋技術の移転を行う。

テーマ：大学の創設を支援する事業というのができないだろうか？

考　察：大学のような教育機関を支援してつくって、徐々に大きくできるようにすれば、その国の発展に寄与できるのではないだろうか？

14.b

　小規模・沿岸零細漁業者に対し、海洋資源及び市場へのアクセスを提供する。

テーマ：小規模・沿岸零細漁業者を支援して、WIN-WINな形で収益をあげる事業を生み出せないだろうか？

考　察：国際的なサービスを提供して、SDGsに貢献する企業が沢山出てくることが望まれていると思う。

14.c

　「我々の求める未来」のパラ158において想起されるとおり、海洋及び海洋資源の保全及び持続可能な利用のための法的枠組みを規定する海洋法に関する国際連合条約 (UNCLOS) に反映されている国際法を実施することにより、海洋及び海洋資源の保全及び持続可能な利用を強化する。

テーマ：より多くの人が参加して、どんな未来を望むかを話し合って、その話し合いの結果を、計画に反映していくにはどうすればよいか？

考　察：より自分事として捉えて、達成に向かって尽力をできる人を増やす仕組みが求められていると思う。

15.1

　2030年までに、国際協定の下での義務に則って、森林、湿地、山地及び乾燥地をはじめとする陸域生態系と内陸淡水生態系及びそれらのサービスの保全、回復及び持続可能な利用を確保する。

テーマ：陸域生態系と内陸淡水生態系及びそれらのサービスの保全、回復及び持続可能な利用を確保するのに、より多くの人が参加するにはどうしたらよいだろうか？

考　察：自然保護活動は、精神衛生上もよいと思うので、現代的な諸問題の解決に寄与できる可能性も大きい。その意味で、

より多くの人が気軽に参加できることで、一挙両得の取り組みになる可能性も高い。

15.2

2030年までに、あらゆる種類の森林の持続可能な経営の実施を促進し、森林減少を阻止し、劣化した森林を回復し、世界全体で新規植林及び再植林を大幅に増加させる。

テーマ：植林活動により多くの人が参加するにはどうしたらよいだろうか？

考　察：自然にも人間にもよりよい植林活動とはどんなものが考えられるだろう。

15.3

2030年までに、砂漠化に対処し、砂漠化、干ばつ及び洪水の影響を受けた土地などの劣化した土地と土壌を回復し、土地劣化に荷担しない世界の達成に尽力する。

テーマ：劣化した土地と土壌を回復し、土地劣化に荷担しない世界の達成に尽力するために、現地に住んでいない人が貢献するにはどうしたらよいだろうか？

考　察：こちらも、資金援助だけでなく、様々な形でのボランティア活動が生み出せるでのはないか？

15.4

2030年までに持続可能な開発に不可欠な便益をもたらす山地生態系の能力を強化するため、生物多様性を含む山地生態系の保全を確実に行う。

テーマ：持続可能な開発に不可欠な便益をもたらす山地生態系の能力とは具体的にはどういうものだろうか？

考　察：ミンナで協力して考えやすいように、個々の抽象的な用語の解説集があるとよいと思う。

「持続可能な開発に不可欠な便益をもたらす山地生態系の
能力」とはどういう意味なのだろう。

15.5

　自然生息地の劣化を抑制し、生物多様性の損失を阻止し、2020
年までに絶滅危惧種を保護し、また絶滅防止するための緊急かつ意
味のある対策を講じる。

テーマ：絶滅危惧種の保護と、SDGs の他の目標の達成の追求をよ
　　　　り並行して効果的に行うにはどうすればよいだろうか？

考　察：SDGs の 17 の目標と 169 のターゲットは当然ながら連動
　　　　している。
　　　　それらの関係性を考えることで、より 169 の目標の達成
　　　　を効果的に行うことができるのかもしれない。
　　　　組み合わせとしては、169 × 168 ＝ 28392 あるので、そ
　　　　れこそ、1 人では絶対に検討しきれないので、多くの人が
　　　　協力して検討する必要がある。

15.6

　国際合意に基づき、遺伝資源の利用から生ずる利益の公正かつ衡
平な配分を推進するとともに、遺伝資源への適切なアクセスを推進
する。

テーマ：遺伝資源に関わらず、SDGsを達成するために、テクノロジー
　　　　への適切なアクセスを推進するにはどうしたらよいか？

考　察：答えの 1 つとして、本書で述べたオープンプロセスリレー
　　　　ションの定着を提示する。

15.7

　保護の対象となっている動植物種の密猟及び違法取引を撲滅する
ための緊急対策を講じるとともに、違法な野生生物製品の需要と供
給の両面に対処する。

テーマ：啓蒙的な取り組みの1つのプロセスとして、アイデア発想法を実践する場を設ける事で、成果を高めることはできないだろうか？

考　察：当事者意識を持つには、自分の考えたアイデアが採用されることが一番であると思う。

○○な取り組みの1つのプロセスとして、アイデア発想法を実践する場を設ける、の○○に、色々な単語を入れることで、より色々な取り組みを構想できそうである。

15.8

2020年までに、外来種の侵入を防止するとともに、これらの種による陸域・海洋生態系への影響を大幅に減少させるための対策を導入し、さらに優先種の駆除または根絶を行う。

テーマ：より多くの人が協力して、この目標を実現するにはどうしたらよいだろうか？

考　察：現在は、どんな対策が行われているのだろうか？　SDGsの169のターゲットに紐づいた様々な情報が整理させて表示されるWEBサイトを多くの人が協力してつくることが必要と思う。

15.9

2020年までに、生態系と生物多様性の価値を、国や地方の計画策定、開発プロセス及び貧困削減のための戦略及び会計に組み込む。

テーマ：貧困削減に寄与するのに、戦略及び会計に組み込まれるべきことは他に何があるだろうか？

考　察：万人に受け入れられる価値を、より独創的に組み込んでいくことで、SDGsの達成が近づくだろう。

15.a

生物多様性と生態系の保全と持続的な利用のために、あらゆる資

金源からの資金の動員及び大幅な増額を行う。

テーマ：生物多様性と生態系の保全と持続的な利用をよりよく活用
　　　　するにはどうしたらよいだろうか？

考　察：希望のある未来を見える化していくことが重要だ。そのた
　　　　めに、本書の中でも記述した、フォーキャストをチームで
　　　　行う取り組みが活発に行われる必要がある。

15.b

　保全や再植林を含む持続可能な森林経営を推進するため、あらゆ
るレベルのあらゆる供給源から、持続可能な森林経営のための資金
の調達と開発途上国への十分なインセンティブ付与のための相当量
の資源を動員する。

テーマ：森林のよさをより都市部も含む、住環境、労働環境で活か
　　　　すにはどうすればよいだろうか？

考　察：人工物がどれだけ、何でもつくれるようになってきても、
　　　　森の落ち着く感じを出すにはかなわない気がする。

15.c

　持続的な生計機会を追求するために地域コミュニティーの能力向
上を図る等、保護種の密猟及び違法な取引に対処するための努力に
対する世界的な支援を強化する。

テーマ：持続的な生計機会を追求するために地域コミュニティーの
　　　　能力向上はどのようにしたら実現するだろうか？

考　察：抽象的な表現には、アイデア発想法で具体化するチャンス
　　　　で溢れている。

16.1

　あらゆる場所において、すべての形態の暴力及び暴力に関連する
死亡率を大幅に減少させる。

テーマ：あらゆる場所において、すべての形態の暴力及び暴力に関

連する死亡率を大幅に減少させる、ために皆で協力してで
きることは何か？

考　察：このようなテーマでチームでブレインストーミングした経
　　　　験がある人は世界中でもごく僅かしかいないのではない
　　　　か、と考えると、非常に取り組むべき価値の高いテーマと
　　　　思う。このように、SDGs を達成するために、チームでブ
　　　　レインストーミングする価値の高いテーマを優先順位をつ
　　　　けて提示するのも、大事な取り組みになるかもしれない。

16.2
　子どもに対する虐待、搾取、取引及びあらゆる形態の暴力及び拷
問を撲滅する。

テーマ：子どもに対する虐待、搾取、取引及びあらゆる形態の暴力
　　　　及び拷問を撲滅する、ために直接関係のない人が、貢献で
　　　　きることは何か？

考　察：直接関係のない人が、この目標の達成に貢献できる仕組み
　　　　が確立されれば、大きく達成に近づくと思う。

16.3
　国家及び国際的なレベルでの法の支配を促進し、すべての人々に
司法への平等なアクセスを提供する。

テーマ：国家及び国際的なレベルでの法の支配を促進し、すべての
　　　　人々に司法への平等なアクセスを提供する、ために、法律
　　　　の専門家でない人が貢献できることは何か？

考　察：法律の専門家でない人も、何かの形でこの目標の達成に貢
　　　　献できる仕組みが確立されれば、大きく達成に近づくと思
　　　　う。

16.4
　2030 年までに、違法な資金及び武器の取引を大幅に減少させ、

奪われた財産の回復及び返還を強化し、あらゆる形態の組織犯罪を根絶する。

テーマ：2030年までに、違法な資金及び武器の取引を大幅に減少させ、奪われた財産の回復及び返還を強化し、あらゆる形態の組織犯罪を根絶する、ために、匿名で貢献できることは何か？

考　察：デリケートな問題でもあると思うが、様々な分野の人が知恵を出すことで、画期的な方法も見つかると思う。

16.5

あらゆる形態の汚職や贈賄を大幅に減少させる。

テーマ：あらゆる形態の汚職や贈賄を大幅に減少させるのに、お笑いの力を使えないか？

考　察：ふざけているようなテーマだが、お笑いの力をうまく使えば、様々な効果があると思う。

16.6

あらゆるレベルにおいて、有効で説明責任のある透明性の高い公共機関を発展させる。

テーマ：この取り組みを国外の人が参加して価値を生むにはどうすればよいか？

考　察：国外の人が行政に関わるというのは、かなり特殊だと思うが、ニーズはあると思うので、うまく仕組みをつくって、双方に価値的にできるのではないかと思う。

16.7

あらゆるレベルにおいて、対応的、包摂的、参加型及び代表的な意思決定を確保する。

テーマ：参加型にの部分にアイデア発想法の実践を取り入れるにはどうしたらよいか？

考　察：アイデア発想法の実践がいかに役立つかを徐々に世界が気
　　　　が付き始めるに違いない。

16.8

　グローバル・ガバナンス機関への開発途上国の参加を拡大・強化
する。

テーマ：参加のところで、もっと、気軽に意見を言いやすい仕組み
　　　　をつくるにはどうしたらよいか？

考　察：アイデア発想法的に前向きな意見をどんどん蓄積しやすい
　　　　仕組みが求められていると思う。

16.9

　2030 年までに、すべての人々に出生登録を含む法的な身分証明
を提供する。

テーマ：すべての人々に出生登録を含む法的な身分証明を提供され
　　　　てデジタル上で管理できるようになったとして、SDGs の
　　　　達成にそれをどのように活用できるだろうか？

考　察：管理されるというと、悪いイメージを抱く人も多いかもし
　　　　れないが、うまく使えば、SDGs の達成に大きく貢献でき
　　　　ると思う。

16.10

　国内法規及び国際協定に従い、情報への公共アクセスを確保し、
基本的自由を保障する。

テーマ：SDGs を達成するために、情報公開はどうあるべきか？

考　察：アイデア発想法、問題解決法を実践しやすいように、情報
　　　　を公開するべきであると考える。

16.a

　特に開発途上国において、暴力の防止とテロリズム・犯罪の撲滅
に関するあらゆるレベルでの能力構築のため、国際協力などを通じ

て関連国家機関を強化する。

テーマ：それぞれの国家機関の間お連携にどのような可能性があるだろうか？

考　察：このような組み合わせには、それこそ無数な数があるため、1人では考えきれない。多くの人が協力して考える必要がある。

16.b

持続可能な開発のために、差別のない法律や政策をすすめ、実施する。

テーマ：差別のない法律や政策をすすめるのに、国外の人が貢献する方法は何かある？

考　察：直接に国外の人が法律や政策に関わるのは適切でない場合が多いと思うが、支援という意味で貢献できることはあるのではないかと思う。

17.1

課税及び徴税能力の向上のため、開発途上国への国際的な支援なども通じて、国内資源の動員を強化する。

テーマ：課税及び徴税能力の向上のために、一般人が貢献できることはあるか？

考　察：支援する側、支援される側が、互いに WIN-WIN になる仕組みが求められている。

17.2

先進国は、開発途上国に対する ODA を GNI 比 0.7% に、後発開発途上国に対する ODA を GNI 比 0.15 ～ 0.20% にするという目標を達成するとの多くの国によるコミットメントを含む ODA に係るコミットメントを完全に実施する。ODA 供与国が、少なくとも GNI 比 0.20% の ODA を後発開発途上国に供与するという目標の設

定を検討することを奨励する。

テーマ：ODA の使い方をより価値的に行うにはどうしたらよいか？

考　察：見える化する、アイデア発想法・問題解決法をチームで実
　　　　践することで、より価値的な取り組みを創出できる。

17.3

　複数の財源から、開発途上国のための追加的資金源を動員する。

テーマ：開発途上国のための支援をより価値的に、国内の諸課題の
　　　　解決にも寄与するように行うにはどうすればよいだろう
　　　　か？

考　察：本書で考察した、地方への移住を推奨することで、過疎と
　　　　孤立を一挙に解決することを目指すように、互いの課題を
　　　　解決する仕組みをうまくつくれれば、SDGs の達成に大き
　　　　く貢献できる。

17.4

　必要に応じた負債による資金調達、債務救済及び債務再編の促進
を目的とした協調的な政策により、開発途上国の長期的な債務の持
続可能性の実現を支援し、重債務貧困国 (HIPC) の対外債務への対
応により債務リスクを軽減する。

テーマ：SDGs の達成のための、よりよい資金調達と資金提供のあ
　　　　り方たはどんなものだろうか？

考　察：SDGs の達成に寄与するものには、より資金がまわりやす
　　　　くする仕組みが求められている。

17.5

　後発開発途上国のための投資促進枠組みを導入及び実施する。

テーマ：投資の内容を資金援助だけでなく、アイデアや企画などに
　　　　も拡大して成果を高めるにはどうしたらよいか？

考　察：資金援助には限界があるが、知恵の提供はあまり限界はな

い。

17.6

　科学技術イノベーション (STI) 及びこれらへのアクセスに関する南北協力、南南協力及び地域的・国際的な三角協力を向上させる。また、国連レベルをはじめとする既存のメカニズム間の調整改善や、全世界的な技術促進メカニズムなどを通じて、相互に合意した条件において知識共有を進める。

テーマ：有意義な協力関係をあらゆる組織間でより多く行うにはどうすればよいだろうか？

考　察：ランダムに組み合わさった相手組織と協力するというのも１つのあり方だと思う。ランダムに組み合わさることで、それまでには考えつかなかった協力関係のありかたを構築できる可能性が高まる。

17.7

　開発途上国に対し、譲許的・特恵的条件などの相互に合意した有利な条件の下で、環境に配慮した技術の開発、移転、普及及び拡散を促進する。

テーマ：日本の枯れた今は使われていない技術を、開発途上国で有効に使ってもらうということを国家的な取り組みとして実行できないか？

考　察：『ディープテック』という書籍に書かれている内容である。国家プロジェクトとしてそのような取り組みが行えれば、飛躍的に世界への貢献度を高められるのではないか？

17.8

　2017 年までに、後発開発途上国のための技術バンク及び科学技術イノベーション能力構築メカニズムを完全運用させ、情報通信技術 (ICT) をはじめとする実現技術の利用を強化する。

テーマ：後発開発途上国のための技術バンク及び科学技術イノベーション能力構築メカニズムとはどんなものであるべきか？
考　察：SDGs達成ための取り組みをアイデア段階から育てて実現していく取り組みが求められている。

17.9

　すべての持続可能な開発目標を実施するための国家計画を支援するべく、南北協力、南南協力及び三角協力などを通じて、開発途上国における効果的かつ的をしぼった能力構築の実施に対する国際的な支援を強化する。

テーマ：SDGsの目標達成を各国が達成するための行動をどう協力的なものとして、連携していくことができるか？
考　察：より市民に根差した取り組み、より多くの人が関わりやすくなる仕組みづくりが求められている。

17.10

　ドーハ・ラウンド(DDA)交渉の結果を含めた世界貿易機関（WTO）の下での普遍的でルールに基づいた、差別的でない、公平な多角的貿易体制を促進する。

テーマ：SDGsの目標を達成するうえで、国際貿易はどのようなあり方を目指すべきだろうか？
考　察：経済学ではどのように考えているだろうか。その考え方は、実際の政策に反映しているのだろうか。調べてみたい。

17.11

　開発途上国による輸出を大幅に増加させ、特に2020年までに世界の輸出に占める後発開発途上国のシェアを倍増させる。

テーマ：開発途上国による輸出を大幅に増加させるために、クラウドファンディングを国境を越えて行えるようにできないだろうか？

考　察：国境を越えたクラウドファンディングというのは、非常に大きな可能性を秘めていると思う。

17.12

　後発開発途上国からの輸入に対する特恵的な原産地規則が透明で簡略的かつ市場アクセスの円滑化に寄与するものとなるようにすることを含む世界貿易機関 (WTO) の決定に矛盾しない形で、すべての後発開発途上国に対し、永続的な無税・無枠の市場アクセスを適時実施する。

テーマ：国連機関の決定をより多くの人達が関わって応援するにはどうすればよいか？

考　察：ボランティアを AI を使って募集するようになれば、それぞれの個人の特性をより活かしてボランティア活動がしやすくなる。

17.13

　政策協調や政策の首尾一貫性などを通じて、世界的なマクロ経済の安定を促進する。

テーマ：SDGs の各目標の達成とマクロ経済の安定を両立させるには何が必要だろうか？

考　察：このように 2 つの目標を同時に追求する方法を考えることで新たな知識チア系が開発されることだろう。

17.14

　持続可能な開発のための政策の一貫性を強化する。

テーマ：政策の一貫性が強化されることで、SDGs の達成にどのように貢献するだろうか？

考　察：より多くの人が知恵を出して、協力するように意識変革が求められている。

17.15

　貧困撲滅と持続可能な開発のための政策の確立・実施にあたっては、各国の政策空間及びリーダーシップを尊重する。

テーマ：各国の政策空間及びリーダーシップを尊重した上で、喜ばれる支援のあり方とはどういうものだろうか？

考　察：各国同士で、多様な繋がりを確保することが重要と思われる。

17.16

　すべての国々、特に開発途上国での持続可能な開発目標の達成を支援すべく、知識、専門的知見、技術及び資金源を動員、共有するマルチステークホルダー・パートナーシップによって補完しつつ、持続可能な開発のためのグローバル・パートナーシップを強化する。

テーマ：このようなグローバルシップを強化するのに、大学教育で行われる各学問はどのように寄与するだろう？

考　察：例えば、日本にあるすべての学部で、SDGs のターゲット 169 のそれぞれについてどのように貢献できるか、取り組みのアイデアを考えてもらう。日本にある学部が仮に 100 とすると、16900 の取り組みのアイデアが出てくるので、それらのアイデアを参考に、あらゆる取り組みをブラッシュアップしていくことができるのではないかと思う。

17.17

　様々なパートナーシップの経験や資源戦略を基にした、効果的な公的、官民、市民社会のパートナーシップを奨励・推進する。

テーマ：新しいパートナーシップの形成にアイデア発想法はどのように貢献できるか？

考　察：有望なアイデアを元にした、それを形にするためのパート

ナーシップという方向性がよいのではないかと思う。

17.18

2030年までに、後発開発途上国及び小島嶼開発途上国を含む開発途上国に対する能力構築支援を強化し、所得、性別、年齢、人種、民族、居住資格、障害、地理的位置及びその他各国事情に関連する特性別の質が高く、タイムリーかつ信頼性のある非集計型データの入手可能性を向上させる。

テーマ：SDGsの達成に貢献するためのデータ収集とはどのように
　　　　あるべきか？

考　察：従来、あまり重視されてこなかった、"楽しい"・"嬉しい"
　　　　といった感情を価値創造に役立てるためという方向性もよ
　　　　いと思う。

17.19

2030年までに、持続可能な開発の進捗状況を測るGDP以外の尺度を開発する既存の取組を更に前進させ、開発途上国における統計に関する能力構築を支援する。

テーマ：国内の資格試験をグローバル展開する支援をすることで、
　　　　より多くの人がスキルアップしやすくなって、SDGsの達
　　　　成に貢献するにはどうしたらよいか？

考　察：グローバル展開を支援する、というのは、あらゆる面で、
　　　　これから可能性が大きく拡大していくだろう。

著者略歴

掛川　浩一（かけがわ　こういち）

神奈川県川崎市在住

アプリ開発者、執筆家、起業家

アイデア発想法に魅せられて、専用アプリを開発中。

SDGs の 17 項目を達成するのに問題解決・アイデア発想法がいかに活用できるかを模索中。

kindle では今までに 7 冊を出版 。

『アフターコロナ時代の事業アイデア 10 選』

『コロナ危機を乗り越える事業アイデア 10 選』

『アイデア出し PC アプリのススメ』

『ミンナが嬉しい実現プロセスのご紹介』

『コロナ対策の政策提案』

『Twitter 習慣術』

『U 理論とアイデア発想法』

ウィズコロナ時代の新規事業創出
－SDGs達成のためのオープンプロセスリレーション

2021年 11 月 1 日　初版発行

著　者	掛川　浩一	© Koichi Kakegawa
発行人	森　　忠順	

発行所　株式会社 セルバ出版
　　　　〒 113-0034
　　　　東京都文京区湯島 1 丁目 12 番 6 号 高関ビル 5 B
　　　　☎ 03（5812）1178　　FAX 03（5812）1188
　　　　https://seluba.co.jp/

発　売　株式会社 三省堂書店／創英社
　　　　〒 101-0051
　　　　東京都千代田区神田神保町 1 丁目 1 番地
　　　　☎ 03（3291）2295　　FAX 03（3292）7687

印刷・製本　株式会社 丸井工文社

●乱丁・落丁の場合はお取り替えいたします。著作権法により無断転載、複製は禁止されています。

●本書の内容に関する質問は FAX でお願いします。

Printed in JAPAN
ISBN978-4-86367-707-4